SOUVENIRS

DE

MADAME

VIGÉE-LEBRUN.

IMPRIMERIE DE H. FOURNIER,
RUE DE SEINE, N. 14.

CATHERINE II, (Alexiowna)

Née en 1729 morte le 27 Novembre, 1796.

SOUVENIRS

DE

MADAME LOUISE-ÉLISABETH

VIGÉE-LEBRUN,

DE L'ACADÉMIE ROYALE DE PARIS,
DE ROUEN, DE SAINT-LUC DE ROME ET D'ARCADIE,
DE PARME ET DE BOLOGNE,
DE SAINT-PÉTERSBOURG, DE BERLIN, DE GENÈVE ET AVIGNON.

> En écrivant mes Souvenirs, je me rappellerai le temps passé, qui doublera pour ainsi dire mon existence.
> J.-J. ROUSSEAU.

TOME SECOND.

PARIS,
LIBRAIRIE DE H. FOURNIER,
RUE DE SEINE, 14 BIS.

1835.

AVANT-PROPOS

DE L'AUTEUR.

La mort de la bonne et aimable princesse Kourakin, que le choléra vint enlever à Pétersbourg en 1831, m'avait fait renoncer pendant long-temps à toute idée de continuer mes *Souvenirs*, pour lesquels cependant j'avais déjà rassemblé les matériaux nécessaires. Les instances de mes amis m'ayant fait consentir l'an dernier à reprendre ce travail, le lecteur ne sera pas surpris de voir mon second volume écrit dans une autre forme que le premier, puisque je n'ai point eu le bonheur d'achever le récit de ma vie pour celle qui me l'avait fait entreprendre.

SOUVENIRS.

CHAPITRE PREMIER.

Turin, Porporati, le Corrége. — Parme, M. de Flavigni, les Eglises, l'Infante de Parme. — Modène. — Bologne. — Florence.

Après avoir traversé Chambéry, j'arrivai à Turin extrêmement fatiguée de corps et d'esprit, car une pluie battante m'avait empêchée, pendant toute la route, de descendre pour marcher un peu, et je ne connais rien de plus ennuyeux que les voiturins qui cheminent constamment au pas. Enfin, mon conducteur me déposa dans une très mauvaise auberge. Il était neuf heures du soir; nous mourions de faim; mais comme il ne se trouvait rien à manger dans la maison, ma fille, sa gouvernante et moi, nous fûmes obligées de nous coucher sans souper.

Le lendemain de très bonne heure, je fis prévenir de mon arrivée le célèbre Porporati (1), que j'avais beaucoup vu pendant son séjour à Paris. Il était alors professeur à Turin, et il vint aussitôt me faire une visite. Me trouvant si mal dans mon auberge, il me pria avec instance de venir loger chez lui, ce que je n'osai d'abord accepter; mais il insista sur cette offre avec une vivacité si franche, que je n'hésitai plus, et faisant porter mes paquets, je le suivis aussitôt avec mon enfant. Je fus reçue par sa fille, âgée de dix-huit ans, qui logeait avec lui, et qui se joignit à son père pour avoir de moi tous

(1) Celui dont on connaît de si belles gravures, entre autres une faite d'après le tableau de Santerre, qui représente la chaste Suzanne entre les deux vieillards. Le burin éminemment classique de Porporati, comme celui de M. Desnoyers, sera toujours apprécié par les vrais connaisseurs.

les soins imaginables pendant les cinq ou six jours que je passai dans leur maison.

Étant pressée de continuer ma route vers Rome, je ne voulus voir personne à Turin. Je me contentai de visiter la ville et de faire quelques excursions dans les beaux sites qui l'environnent. La ville est fort belle; toutes les rues sont parfaitement alignées et les maisons bâties régulièrement. Elle est dominée par une montagne appelée la Superga, lieu de sépulture, destinée aux rois de Sardaigne.

Porporati me conduisit d'abord au musée royal, où j'admirai une collection de superbes tableaux des diverses écoles, entre autres celui *de la femme hydropique* de Gérard Dow (1), qu'on peut appeler un chef-d'œuvre dans son genre, et plusieurs tableaux admirables de Vandick, parmi lesquels je dois citer celui qui représente une famille de bourguemestres, dont les figures sont d'un pied et demi de hau-

(1) Ce tableau a été acheté par la France; il est resté depuis au musée du Louvre.

teur. Il est certain que Vandick a pris plaisir à faire ce tableau si remarquable ; car, non seulement les têtes et les mains, mais les draperies, les moindres accessoires, tout est fini et tout est parfait, tant pour le coloris que pour l'exécution. Vandick, au reste, tenait la plus grande place dans ce musée du roi, où je trouvai peu de tableaux des maîtres d'Italie.

Porporati voulut aussi me mener au spectacle. Nous allâmes au grand théâtre, et là, j'aperçus aux premières loges le duc de Bourbon et le duc d'Enghien que je n'avais point vus depuis bien long-temps. Le père alors paraissait encore si jeune, qu'on l'aurait cru le frère de son fils.

La musique me fit grand plaisir, et comme je demandais à Porporati si sa ville renfermait beaucoup d'amateurs des arts, il secoua la tête et me dit : « Ils n'en ont aucune idée, et voici ce qui vient de m'arriver ici : un très grand personnage, ayant entendu dire que j'étais graveur, est venu dernièrement chez moi pour me faire graver son cachet. »

Cette petite anecdote suffit, je l'avoue, pour me donner une mince opinion des habitans de Turin sous le rapport des arts.

Je quittai mes aimables hôtes pour aller à Parme. A peine étais-je arrivée dans cette dernière ville, que je reçus la visite du comte de Flavigny, qui y séjournait alors comme ministre de Louis XVI. M. de Flavigny avait soixante ans au moins; je ne l'avais jamais rencontré en France; mais son extrême bonté et la grâce qu'il mit à m'obliger en tout me le firent bientôt connaître et apprécier. Sa femme aussi combla de soins ma fille et moi, et leur société me fut de la plus agréable ressource dans une ville où je ne connaissais personne.

M. de Flavigny me fit voir tout ce que Parme offrait de remarquable. Après avoir été contempler le magnifique tableau du Corrége, *la Créche* ou *la Nativité* (2), je visitai les églises, dont les ouvrages de ce grand peintre sont aussi le plus admirable ornement. Je ne pus

---

(1) **Nous l'avons eu au Musée.**

voir tant de tableaux divins sans croire à l'inspiration que l'artiste chrétien puise dans sa croyance : la fable a sans doute de charmantes fictions; mais la poésie du christianisme me semble bien plus belle.

Je montai tout au haut de l'église Saint-Jean ; là, je m'établis dans le cintre pour admirer de près une coupole où le Corrége a peint plusieurs anges dans une gloire, entourés de nuages légers. Ces anges sont réellement célestes; leurs physionomies, toutes variées, ont un charme impossible à décrire. Mais, ce qui m'a le plus surpris, c'est que les figures sont d'un fini tel, qu'en les regardant de près, on croit voir un tableau de chevalet sans que cela nuise en rien à l'effet de cette coupole, vue du bas de l'église.

On peut admirer aussi dans l'église de Saint-Antoine, en entrant à gauche, une autre figure de ce grand peintre, la plus gracieuse que je connaisse, et d'une couleur inimitable.

J'ai remarqué dans la bibliothèque de Parme un buste antique d'Adrien, très bien conservé.

quoiqu'il ait été doré. Un petit Hercule en bronze d'un travail fort précieux, un petit Bacchus charmant, beaucoup de médaillons antiques, etc., etc.; mais le Corrége!.... le Corrége est la grande gloire de Parme.

M. le comte de Flavigny me présenta à l'infante (sœur de Marie-Antoinette), qui était beaucoup plus âgée que notre reine, dont elle n'avait ni la beauté ni la grâce. Elle portait le grand deuil de son frère l'empereur Joseph II, et ses appartemens étaient tout tendus de noir; en sorte qu'elle m'apparut comme une ombre, d'autant plus qu'elle était fort maigre et d'une extrême pâleur.

Cette princesse montait tous les jours à cheval. Sa façon de vivre comme ses manières étaient celles d'un homme. En tout, elle ne m'a point charmée, quoiqu'elle m'ait reçue parfaitement bien.

Je ne séjournai que peu de jours à Parme; la saison avançait, et j'avais les montagnes de Bologne à traverser. J'étais donc très pressée de me mettre en route; mais l'excellent M. de

Flavigny me fit retarder mon départ de deux jours, parce qu'il attendait un ami auquel il désirait me confier, ne voulant pas que je traversasse les montagnes seule avec ma fille et la gouvernante. Cet ami (M. le vicomte de Lespignière) arriva, et je fus remise à ses soins. Son voiturin suivait le mien, en sorte que je voyageai avec la plus grande sécurité jusqu'à Rome.

Je m'arrêtai très peu à Modène, jolie petite ville, qui me parut fort agréable à habiter. Les rues sont bordées de longs portiques qui mettent les piétons à l'abri de la pluie et du soleil. Le palais a un aspect grandiose et élégant. Il renferme plusieurs beaux tableaux, un de Raphaël et plusieurs de Jules Romain, la Femme adultère du Titien, etc., etc. On y voit aussi quantité de curiosités remarquables et des dessins des plus grands maîtres italiens; quelques statues antiques, un grand nombre de belles médailles, ainsi que des camées en agathe très précieux.

La bibliothèque est fort belle; elle contient,

m'a-t-on dit, trente mille volumes, beaucoup d'éditions très rares et des manuscrits.

La théâtre rappelle les amphithéâtres des anciens. Les remparts sont la promenade habituelle ; mais les campagnes qui bordent les grands chemins sont charmantes, riches et bien cultivées.

Après avoir traversé les montagnes qui ont bien quelque chose d'effrayant, car le chemin est très étroit et très escarpé, et bordé de précipices, ce qui m'engagea à en faire une partie à pied, nous arrivâmes à Bologne. Mon désir était de passer au moins une semaine dans cette ville pour y admirer les chefs-d'œuvre de son école, regardée généralement comme une des premières de l'Italie, et pour visiter tant de magnifiques palais dont elle est ornée. Tandis que, dans cette intention, je me pressais de défaire mes paquets, — Hélas ! madame, me dit l'aubergiste, vous prenez une peine inutile ; car, étant Française, vous ne pouvez passer qu'une nuit ici.

Me voilà au désespoir, d'autant plus que

dans le moment même, je vis entrer un grand homme noir, costumé tout-à-fait comme Bartholo, ce qui me le fit reconnaître aussitôt pour un messager du gouvernement papal. Ses habits, son visage pâle et sérieux, lui donnaient un aspect qui me fit tout-à-fait peur. Il tenait à la main un papier, que je pris naturellement pour l'ordre de quitter la ville dans les vingt-quatre heures. — Je sais ce que vous venez m'apprendre, signor, lui dis-je d'un air assez chagrin. — Je viens vous apporter la permission de rester ici tant qu'il vous plaira, madame, répondit-il.

On juge de la joie que me donna une aussi bonne nouvelle, et de mon empressement à profiter de cette faveur (1). Je me rendis aussitôt à l'église de Sainte-Agnès, où se trouve placé le tableau du martyre de cette sainte, peint par le Dominicain. La jeunesse, la candeur est si bien exprimée sur le beau visage de

(1) Il faut croire que de Turin on instruisait le gouvernement papal du nom de tous les voyageurs français qui traversaient les Etats romains.

sainte Agnès, celui du bourreau qui la frappe d'un poignard forme un si cruel contraste avec cette nature toute divine, que la vue de cette admirable tableau me saisit d'une pieuse admiration.

Je m'étais agenouillée devant le chef-d'œuvre, et les sons de l'orgue me faisaient entendre l'ouverture d'*Iphigénie* parfaitement bien exécutée. Le rapprochement involontaire que je fis entre la jeune victime des païens et la jeune victime chrétienne, le souvenir du temps si calme et si heureux où j'avais entendu cette même musique, et la triste pensée des maux qui pesaient alors sur ma malheureuse patrie, tout oppressa mon cœur au point que je me mis à pleurer amèrement et à prier Dieu pour la France. Heureusement j'étais seule dans l'église, et je pus y rester long-temps, livrée aux émotions si vives qui s'étaient emparées de mon ame.

En sortant, j'allai visiter plusieurs des palais qui renferment les chefs-d'œuvre des grands maîtres de l'école de Bologne, plus féconde

qu'aucune autre école italienne. Il faudrait des volumes pour décrire les beautés dont le Guide, le Guerchin, les Carraches, le Dominicain, ont orné ces pompeuses habitations. Dans l'un de ces palais, le custode me suivait, s'obstinant à me nommer l'auteur de chaque tableau. Cela m'impatientait beaucoup, et je lui dis doucement qu'il prenait une peine inutile; que je connaissais tous ces maîtres. Il se contenta donc de continuer seulement à m'accompagner; mais comme il m'entendait m'extasier devant les plus beaux ouvrages en nommant le peintre, il me quitta pour aller dire à mon domestique :
— Qui donc est cette dame? j'ai conduit de bien grandes princesses, mais je n'en ai jamais vue qui s'y connaisse aussi bien qu'elle.

Le palais Caprara renferme, dans sa première galerie, des trophées militaires indiens et turcs, dont plusieurs sont la dépouille de généraux vaincus par la famille Caprara. Le portrait du plus célèbre guerrier de ce nom est au bout de la galerie, qui, je crois, est unique dans son genre.

On voit, dans la seconde galerie, une tête de prophète et la Sibylle de Cumes du Guerchin, dans son meilleur temps; une Ascension du Dominicain, quelques têtes de Carlo Dolce et du Titien; une Sainte Famille du Carrache, et deux petits ronds de l'Albane, d'une grande finesse.

Le palais Bonfigliola possède un beau Saint Jérôme de l'Espagolet, une Sibylle du Guide, appuyée sur sa main, tenant son papyrus; et plusieurs autres chefs-d'œuvre.

Le palais Zampieri : Henri IV et Gabrielle de Rubens; dans la salle d'Annibal Carrache, la Déposition du Christ, effet de nuit, superbe tableau. Le portrait de Louis Carrache, peint par lui-même. Un plafond du Guerchin représentant Hercule qui étouffe Antée, et le Départ d'Agar, beau tableau, plein d'expression. C'est dans ce palais que l'on voit le chef-d'œuvre du Guide, saint Pierre et saint Paul causant ensemble. Ce tableau réunit toutes les perfections; les moindres détails y sont d'une telle vérité, que ces deux figures font illusion au point qu'on croit les entendre parler. C'est bien certainement ce que le Guide a fait de plus beau.

Trois jours après mon arrivée (le 3 novembre 1789), j'avais été reçue membre de l'Académie et de l'Institut de Bologne. M. Bequetti, qui en était le directeur, vint m'apporter lui-même mes lettres de réception.

Je me consolais d'abandonner tant de chefs-d'œuvre par l'idée de tous ceux que j'allais trouver à Florence. Après avoir traversé les Apennins et les montagnes arides de *Radico Fani*, nous parcourûmes un pays plein de belles cultures, qui est la limite de la Toscane. A droite du chemin, on me montra un petit volcan, qui s'enflamme à l'approche d'une lumière, et que l'on nomme *Fuoco di Lagno*. Plus loin, le chemin s'étant élevé, je découvris Florence, située au fond d'une large vallée, ce qui d'abord me parut triste; car j'aime beaucoup que l'on bâtisse sur les hauteurs; mais sitôt que j'entrai dans la ville, je fus surprise et charmée de sa beauté.

Après m'être installée dans l'hôtel qu'on

m'avait indiqué, je débutai par aller, avec ma fille et le vicomte de Lespignière, me promener sur une montagne des environs, d'où l'on découvre une vue magnifique, et sur laquelle se trouvent beaucoup de cyprès. Ma fille, en les regardant, me dit : « Ces arbres-là invitent au silence. » Je fus si surprise qu'un enfant de sept ans pût avoir une idée de ce genre, que je n'ai jamais oublié cela.

Malgré le désir extrême que j'avais d'arriver à Rome, il m'était impossible de ne pas séjourner un peu dans cette charmante ville. J'allai voir avant tout la célèbre galerie que les Médicis ont enrichie avec tant de magnificence. En entrant par le vestibule, on aperçoit d'abord une quantité de tombeaux antiques (1); et contre la porte, se trouve placée la fameuse statue du Gladiateur. De ce vestibule, on entre dans la galerie qui renferme tant de superbes statues. La Vénus de Médicis, les deux Lutteurs, le Re-

(1) Les Médicis ont élevé à Gioto, Florentin de naissance, un monument sur lequel est placé le portrait de ce peintre.

mouleur, un jeune Faune, le Satyre et le Bacchus de Jean de Bologne, et la belle scène de la Niobé. Ces principales figures ornent la salle de la tribune, qui est aussi décorée par plusieurs beaux tableaux, dont trois sont de Raphaël, un d'André del Sarto, et d'autres de divers grands maîtres. Dans une seconde salle, on voit en sculpture : Euphrosine couchée, Alexandre mourant; en peinture : une Vénus du Titien, un très beau Vanderveft, de superbes paysages de Salvator Rosa, et cent autres chefs-d'œuvre que je ne cite point; car il faudrait un volume pour entrer dans quelques détails sur toutes les richesses que j'eus le bonheur d'admirer dans ce lieu de délices pour un artiste.

J'allai le lendemain au palais Pitti, où, dans la première salle, je distinguai surtout la Charité, peinte par le Guide, le portrait d'un philosophe par Rembrandt, un tableau à la fois très fin et très vigoureux de Carlo Dolce, une sainte famille de Louis Carrache, et la vision d'Ézéchiel, admirable petit tableau de Raphaël.

On y remarque aussi le portrait d'une femme habillée en satin cramoisi, peint par le Titien avec autant de vigueur que de vérité.

La seconde salle renferme quatre beaux tableaux du vieux Palme; et de Rubens, un grand tableau allégorique, une Sainte Famille, ainsi que son tableau des Philosophes, qui est superbe; le portrait d'un cardinal, peint par Vandick, dont la belle couleur et la grande vérité sont remarquables. C'est aussi dans cette salle que l'on voit la Madone à la Seggiola, Léon X et Jules II, par Raphaël, trois chefs-d'œuvre, si dignes de leur haute renommée.

On trouve dans la troisième salle un grand et beau tableau d'André del Sarte représentant la Vierge, Jésus et saint Jérôme; Paul III, du Titien, admirable de vérité; un tableau allégorique, deux paysages, et la fameuse fête de village, par Rubens; enfin, une Sainte Famille assise sur des ruines, magnifique tableau de Raphaël.

Dans le jardin du palais Pitti, au-dessus d'un bassin qui a vingt pieds de diamètre, on voit une statue colossale de Neptune, et trois Fleuves qui versent de l'eau en abondance; toutes ces figures, d'une très belle composition, sont de Jean de Bologne.

Dès que je pus m'arracher à la jouissance de parcourir la galerie des Médicis et le palais Pitti; j'allai voir les autres beautés que renferme Florence. D'abord, les portes du baptistère de *Guilberti*, dont les sujets, en dix compartimens, sont d'une composition admirable. Ces sujets sont pris dans l'Ancien et le Nouveau Testament. Le relief des figures, le style des draperies, les accessoires, arbres, fabriques, tout est d'une exécution si parfaite, qu'on pourrait en faire des tableaux, car il n'y manque que la couleur; aussi Michel-Ange les nommait-il les portes du paradis.

A l'église de Saint-Laurent, je m'arrêtai long-temps dans la chapelle des Médicis, dont plusieurs tombeaux ont été exécutés d'après les dessins de Michel-Ange. On ne peut rien voir de plus beau que ces tombeaux. Quelques-uns sont en granit oriental, d'autres en granit égyptien. Dans des niches en marbre noir, on a placé des statues en bronze doré. C'est dans l'église Santa-Croce que se trouve le mausolée de Michel-Ange. Là, il faut se prosterner.

Je suis montée au cloître de l'Annonciate, peint par André del Sarte. Ces diverses compositions sont d'un style simple, qui convient au sujet, et qui tient même de l'antique. Les figures pleines d'expression et de vérité sont d'une excellente couleur. Il est bien malheureux que l'on n'ait pas soigné ces chefs-d'œuvre, qui auraient suffi à la réputation de ce grand peintre. La Vierge, nommée la *Madona del Sacco*, est divine. On la prendrait pour une vierge de Raphaël.

On sent bien que je ne pouvais quitter Florence sans aller au palais Altoviti pour voir le beau portrait que Raphaël a fait de lui-même. Ce portrait a été mis sous verre afin de le conserver, et cette précaution a fait noircir les ombres, mais tous les clairs de la chair sont restés purs et d'une belle couleur. Les traits du visage sont régulièrement beaux, les yeux charmans, et le regard est bien celui d'un observateur.

Je ne négligeai pas de visiter la bibliothèque des Médicis, qui possède les manuscrits les plus rares. Il s'y trouve d'anciens missels dont les marges à gauche sont peintes dans la perfection; ces sujets saints sont rendus en miniature avec des couleurs et un fini admirables.

Le jour que j'allai visiter la galerie où se trouvent les portraits des peintres modernes peints par eux-mêmes, on me fit l'honneur de me demander le mien pour la ville de Florence, et je promis de l'envoyer quand je serais arrivée à Rome. Je remarquai avec un certain orgueil dans cette galerie celui d'Angelica Kaufmann, une des gloires de notre sexe.

Tout le temps de mon séjour à Florence fut un temps d'enchantement. J'avais fait connaissance avec une dame française, la marquise de Venturi, qui me comblait d'amitiés et d'obligeances. Les soirs, elle me menait promener sur les bords de l'Arno, où arrivent, à une certaine heure, une quantité de voitures élégantes et de beau monde, dont la présence animait ce lieu charmant. Ces promenades et mes courses du matin à la galerie Médicis, aux églises et aux palais de la ville, me faisaient passer mes journées d'une manière ravissante; et si j'avais pu ne point penser à cette pauvre France, j'aurais été alors la plus heureuse des créatures.

CHAPITRE II.

Rome. — Saint-Pierre. — Le Muséum. — Drouais. — Raphaël. — Le Vatican. — Le Colysée. — Angelica Kaufmann. — Le cardinal de Bernis. — Usage romain. — Mes déménagemens.

Peu de jours après mon arrivée à Rome, j'écrivais à Robert le paysagiste la lettre suivante :

Rome 1er décembre 1789.

J'ai quité avec peine, mon ami, cette belle ville de Florence où j'ai vu très rapidement des chefs-d'œuvre si remarquables, et que je me promets bien de revoir avec plus de soin à mon retour de Rome.

Vous avez été témoin des gros soupirs que me faisaient pousser les récits de tous ceux qui avaient eu le bonheur de séjourner ici. Vous savez combien je désirais visiter à mon tour cette belle patrie des arts. Je puis dire que j'avais pour Rome la maladie du pays. Mais, tant de portraits que je me trouvais engagée à faire ne m'auraient pas permis de réaliser mon désir, si, pour notre malheur à tous, la révolution n'était pas venue me déterminer à quitter Paris, dont le charme était détruit pour moi.

Vous savez, mon cher ami, qu'à quelque distance de Rome on découvre déjà le dôme de Saint-Pierre? Il m'est impossible de vous dire la joie que j'éprouvai lorsque je l'aperçus : je croyais rêver ce que j'avais souhaité si long-temps en vain. Enfin je me trouvai sur le Ponte Mole; je vous avouerai même tout bas qu'il m'a paru bien petit, et le Tibre si chanté, bien sale. J'arrive à la porte del Popolo, je traverse la rue du Cours, puis je m'arrête à l'Académie de France. Notre directeur, M. Ménageot, vient à ma voiture; je lui demande l'hospitalité jusqu'à ce que j'aie trouvé un logement, et voilà qu'il me donne aussitôt un petit appartement où ma fille et sa gouvernante sont logées près de moi. De plus, il me prête dix louis pour que je puisse achever de payer mon voiturin; car il faut dire que je n'ai emporté avec moi que quatre-vingts louis, mon cher mari gardant tout pour lui, comme vous savez qu'il avait coutume de faire.

Le jour même de mon arrivée, M. Ménageot m'a menée avant tout à Saint-Pierre, dont l'immensité, d'après l'idée que l'on m'en avait donnée, ne m'a point frappée d'abord. J'attribue cet effet à la grandeur si bien calculée de tous ses détails : par exemple, à l'aspect de ces deux bénitiers de jaune antique, en forme de coquilles, que l'on voit en entrant, les enfans de quatre ou cinq ans qui les entourent ont six pieds de hauteur, et cette parfaite proportion diminue au premier coup d'œil la grandeur de l'église;

quoi qu'il en soit, je n'ai su qu'en la parcourant à quel point elle était vaste. Ayant dit à M. Ménageot que j'aurais préféré la voir soutenue par des colonnes au lieu de ces énormes pilastres, il me répondit qu'on l'avait bâtie d'abord comme je le désirais, mais que les colonnes ne paraissant pas assez solides, on les avait entourées ainsi; il m'a fait voir en effet depuis un tableau où Saint-Pierre est représentée comme je voudrais qu'elle fût.

J'ai monté aussi l'escalier qui conduit à la chapelle Sixtine, pour admirer la voûte peinte à fresque par Michel-Ange, et le tableau représentant le jugement dernier. Malgré toutes les critiques qu'on a faites de celui-ci, il m'a semblé un chef-d'œuvre du premier ordre, pour l'expression et la hardiesse des raccourcis. Il y a vraiment du sublime dans la composition, dans l'exécution. Quant au désordre qui y règne, il est, selon moi, complètement justifié par le sujet.

Le lendemain, je suis allée voir le Muséum. Il est bien vrai qu'on ne peut rien comparer sous le rapport des formes, du style et de l'exécution, à tant de chefs-d'œuvre antiques. C'est aux Grecs surtout qu'il appartenait de réunir dans une aussi haute perfection l'élégance des formes à la vérité. En voyant leurs ouvrages, on ne peut douter qu'ils n'aient eu de bien admirables modèles, et que les hommes et les femmes de la Grèce n'aient réalisé jadis ce que nous appelons le beau idéal. Je n'ai fait encore que parcourir le muséum, mais l'Apollon, le Gladiateur mourant, le groupe du Laocoon, ces beaux autels, ces magnifiques candélabres, toutes ces beautés enfin qui me sont apparues, m'ont déjà laissé des souvenirs ineffaçables.

Au moment où j'allais partir pour cette course au muséum, j'ai reçu la visite des pensionnaires de l'Académie de peinture, au nombre desquels était Girodet. Ils m'ont apporté la palette du jeune Drouais, et m'ont demandé en échange quelques brosses dont je me sois servie pour peindre. Je ne puis vous cacher, mon ami, à quel point j'ai été sensible à cet hommage si distingué, à cette demande si flatteuse; j'en garderai toujours une douce et reconnaissante pensée.

Combien je regrette de ne pas retrouver ici ce jeune Drouais, que la mort vient de nous enlever cruellement! Je l'avais connu à Paris, il avait même dîné chez moi avec ses camarades la veille du jour où tous sont partis pour Rome. Vous n'avez pas oublié sans doute son beau Marius? pour moi, je le vois encore. La foule se portait chez la mère du pauvre Drouais pour voir ce tableau, qui était exposé chez elle. Hélas! la mort ne respecte rien; n'a-t-elle pas frappé Raphaël avant qu'il eût trente-huit ans? n'a-t-elle pas enlevé ce génie au monde, quand il était dans toute sa force, dans toute son énergie? car je vous avoue que j'entre en fureur lorsque je songe qu'on a osé dire, qu'on a osé écrire que Raphaël était mort par suite d'excès, en un mot, de libertinage. Quoi! ce talent si pur, si suave, aurait été chercher ses inspirations dans les mauvais lieux! De bonne foi, cela peut-il se croire? Mais la preuve que rien n'est plus faux, c'est que nous savons tous que Raphaël était amoureux, éperduement amoureux de cette belle boulangère sans laquelle il ne pouvait vivre, à qui il restait fidèle au point de refuser pour elle les honneurs, les richesses et la main de la nièce du cardinal Bibiéna; tellement que, lorsque enfin le pape se laissa fléchir et permit que la Fornarina rentrât dans Rome, l'émotion de joie qu'il éprouva, le bonheur de revoir cette femme adorée, contribuèrent beaucoup à terminer ses jours. Un homme aussi passionné, aussi constant, pouvait-il rechercher les voluptés grossières, se rouler dans la fange? Non, ces choses ne sont pas compatibles; non, Raphaël n'était pas un libertin; il ne faut que regarder ses têtes de Vierges pour être sûr du contraire.

Pardonnez-moi cette diatribe, mon ami : je sors du Vatican; c'est là surtout que le divin maître a démontré toute la subtilité de son art. Les copies que l'on a faites des chefs-d'œuvre de Raphaël sont loin d'en donner une juste idée; il faut les voir face à face pour admirer le dessin, l'expression, la composition de chaque sujet : jusques aux draperies, tout y est parfait. J'ai même remarqué que, dans la plus grande partie de ces belles pages, la couleur avait la vérité du Titien.

La galerie, les salles, et même ce corridor du Vatican où j'ai vu dans le fond la belle Cléopâtre mourante, tout cela est unique dans le monde. Combien ne s'étonne-t-on pas de la variété des compositions de Raphaël en voyant cette école d'Athènes, ordonnée avec tant de sagesse, puis l'incendie de Borgo, composé dans un genre si différent? Mais ce qui surprend le plus, c'est que celui qui est mort si jeune ait laissé tant de chefs-d'œuvre. Cela prouve avec évidence que la fécondité est un attribut inhérent au génie.

Il est bien malheureux de voir que tant de belles productions soient altérées, non-seulement par le temps, mais aussi parce qu'on permet que de jeunes artistes aillent prendre le trait au calque. Je me rappelle à ce sujet qu'un ancien directeur de l'Académie disait à ses élèves : Qu'avez-vous besoin de prendre le trait des figures de Raphaël? prenez la nature, morbleu! ce sera la même chose; allez sur la place del Popolo. »

Je me suis rendue au Colysée en mémoire de vous. Le côté d'où l'on peut le croire entier suffit pour faire estimer parfaitement sa grandeur, et cette ruine est encore une des plus belles choses qu'on puisse voir; le ton de ses pierres, les effets que la végétation y a semés partout, en font un monument admirable pour la peinture. Je ne puis concevoir comment il a pu vous venir l'idée si hasardeuse de grimper jusqu'au faîte pour l'unique plaisir d'y planter une croix? La raison se refuse à le croire. Je dois vous dire, au reste, que cette croix est restée, et que votre adresse et votre courage sont devenus historiques, car on en parle encore à Rome.

J'ai été voir Angelica Kaufmann, que j'avais un extrême désir de connaître. Je l'ai trouvée bien intéressante, à part son talent, par son esprit et ses connaissances. C'est une femme qui peut avoir cinquante ans, très délicate, sa santé s'étant altérée par suite du malheur qu'elle avait eu d'épouser d'abord un aventurier qui l'avait ruinée. Elle s'est remariée depuis à un architecte qui est pour elle un homme d'affaires. Elle a causé avec moi beaucoup et très bien, pendant les deux soirées que j'ai passées chez elle. Sa conversation est douce; elle a prodigieusement d'instruction, mais aucun enthousiasme, ce qui, vu mon peu de savoir, ne m'électrisait pas.

Angelica possède quelques tableaux des plus grands maîtres, et j'ai vu chez elle plusieurs de ses ouvrages : ses esquisses m'ont fait plus de plaisir que ses tableaux, parce qu'elles sont d'une couleur titianesque.

J'ai été dîner hier avec elle chez notre ambassadeur, le cardinal de Bernis, à qui j'avais fait une visite trois jours après mon arrivée. Il nous a placées toutes deux à table à côté de lui. Il avait invité plusieurs étrangers et une partie du corps diplomatique, en sorte que nous étions une trentaine à cette table, dont le cardinal a fait les honneurs parfaitement, tout en ne mangeant lui-même que deux petits plats de légumes. Mais voilà le plaisant: ce matin on me réveille à sept heures en m'annonçant la famille du cardinal de Bernis. Je suis bien saisie, comme vous imaginez! Je me lève, toute essoufflée, et je fais entrer. Cette famille était cinq grands laquais en livrée qui venaient me demander la *buona mano.* On m'expliqua que c'était pour boire. Je les congédiai en leur donnant deux écus romains. Vous concevez toutefois mon étonnement, n'étant pas instruite de cet usage.

Voilà, mon ami, une énorme lettre; mais j'avais besoin de causer avec vous. Rappelez-moi à ce qui reste à Paris de mes amis et de mes connaissances. Comment va notre cher abbé Delille? Parlez-lui de moi, ainsi qu'à la marquise de Grollier, à Brongniart, à ma bonne amie madame de Verdun. Hélas! quand vous reverrai-je tous! Adieu.

Comme je ne pouvais rester dans le très petit appartement que j'occupais à l'Académie de France, il me fallut chercher un logement. Je regrettais fort peu celui que je quittais, attendu qu'il donnait sur une petite rue dans laquelle les voitures des étrangers remisaient à toute heure de nuit. Les chevaux, les cochers, faisaient un train infernal; en outre, il se trouvait une madone au coin de cette rue, et les Calabrois, dont sans doute elle était la sainte, venaient chanter et jouer de la musette devant sa niche jusqu'au jour. A vrai dire, il m'était assez difficile de trouver à me loger, attendu l'extrême besoin que j'ai de sommeil et le calme environnant qui m'est absolument nécessaire pour dormir. J'allai d'abord occuper un logement sur la place d'Espagne, chez Denis, le peintre de paysage; mais, toutes les nuits, les voitures ne cessaient point d'aller et de venir sur cette place, où logeait l'ambassadeur d'Espagne. De plus, une foule de gens des diverses classes du peuple s'y réunissait, quand j'étais au lit, pour chanter en chœur des morceaux que les jeunes filles et les jeunes garçons improvisaient d'une manière charmante, il est vrai, car la nation italienne semble avoir été créée pour faire de bonne musique; mais ce concert habituel, qui m'aurait enchantée le jour, me désolait la nuit. Il m'était impossible de reposer avant cinq heures du matin. Je quittai donc la place d'Espagne.

J'allai louer près de là, dans une rue fort tranquille, une petite maison qui me convenait parfaitement, où j'avais une charmante chambre à coucher, toute tendue en vert, avantage dont je me félicitai beaucoup. J'avais visité toute la maison depuis le haut jusqu'en bas; j'avais même examiné les cours des maisons voisines sans rien apercevoir qui pût m'inquiéter. Je pensai donc ne pouvoir entendre d'autre bruit que le bruit bien léger d'une petite fontaine placée dans la cour, et dans mon enchantement, je m'empresse de payer le premier mois d'avance, dix ou douze louis, je crois. Bien joyeuse, je me couche dans une quiétude parfaite; à deux heures du matin, voilà que j'entends un bruit infernal précisément derrière ma tête; ce bruit était si violent, que la gouvernante de ma fille, qui couchait deux chambres plus loin que la mienne, en avait été réveillée. Dès que je suis levée, je fais venir mon hôtesse pour lui demander la cause de cet horrible vacarme, et j'apprends que c'est le bruit d'une pompe attachée à la muraille près de mon lit : les blanchisseuses, ne pouvant blanchir le linge pendant le jour, attendu l'extrême chaleur, ne venaient à cette pompe que la nuit. On imagine si je m'empressai de quitter cette charmante petite maison.

Après avoir beaucoup cherché inutilement pour m'établir à ma fantaisie, on m'indiqua un petit palais dans lequel je pouvais louer un appartement; n'ayant encore rien trouvé qui pût me convenir, je pris le parti de m'y installer. J'avais là bien plus d'espace qu'il n'en fallait pour me loger commodément; mais toutes ces pièces étaient d'une saleté dégoûtante. Enfin, après en avoir fait nettoyer quelques-unes, je vais m'y établir. Dès la première nuit je pus juger des agrémens de cette habitation. Un froid, une humidité effroyables, m'auraient permis de dormir, qu'une troupe de rats énormes, qui couraient dans ma chambre, qui rongeaient les boiseries et mes couleurs, m'en auraient empêchée. Quand je demandai le lendemain au gardien comment il se faisait que ce petit palais fût si froid et que les rats y eussent établi leur domicile, il me répondit que depuis neuf ans on n'avait pu trouver à le louer : ce que je n'eus point de peine à croire. Malgré tous ces inconvéniens, cependant, je me vis forcée d'y rester six semaines.

Enfin, je trouvai une maison qui paraissait être entièrement à ma convenance. Je ne la louai néanmoins que sous la condition de l'essayer pendant une nuit, et à peine m'étais-je mise au lit, que j'entendis sur ma tête un bruit tout-à-fait insurmontable ; c'était une quantité innombrable de vers qui grugeaient les solives. Dès que j'eus fait ouvrir les volets, le bruit cessa ; mais il n'en fallut pas moins abandonner cette maison à mon grand regret, car je ne crois pas qu'il soit possible de déménager plus souvent que je ne l'ai fait pendant mes différens séjours dans la ville du Capitole : aussi suis-je restée convaincue que la chose la plus difficile à faire dans Rome, c'est de s'y loger.

CHAPITRE III.

Portraits que je fais en arrivant à Rome. — Les palais. — Les églises. — La Semaine-Sainte. — Le jour de Pâques. — La bénédiction du Pape. — La Girande. — Le Carnaval. — Madame Benti. — Crescentini. — Marchesi. — Sa dernière représentation à Rome.

Aussitôt après mon arrivée à Rome, je fis mon portrait pour la galerie de Florence. Je me peignis la palette à la main, devant une toile sur laquelle je trace la reine avec du crayon blanc. Puis, je peignis miss Pitt, la fille de lord Camelfort. Elle avait seize ans, était fort jolie : aussi la représentai-je en Hébé, sur des nuages, tenant à la main une coupe, dans laquelle un aigle venait boire. J'ai peint cet aigle d'après nature, et j'ai pensé être dévorée par lui. Il appartenait au cardinal de Bernis. Le maudit animal, qui avait l'habitude d'être toujours en plein air, enchaîné dans la cour, était si furieux de se trouver dans ma chambre, qu'il voulait fondre sur moi, et j'avoue qu'il me fit grand' peur.

Je fis dans le même temps le portrait d'une Polonaise, la comtesse Potoska. Elle vint chez moi avec son mari, et dès qu'il nous eut quittées, elle me dit d'un grand sang-froid : — C'est mon troisième mari; mais je crois que je vais reprendre le premier, qui me convient mieux, quoiqu'il soit ivrogne. J'ai peint cette Polonaise d'une manière très pittoresque : elle est appuyée sur un rocher couvert de mousse, et près d'elle s'échappent des cascades.

Je peignis ensuite mademoiselle Roland, alors la maîtresse de lord Welesley, qui a peu tardé à l'épouser. Puis, je fis mon portrait pour ma réception à l'Académie de Rome; une copie de celui que je destinais à Florence, que vint me demander lord Bristol; le portrait de lord Bristol lui-même jusqu'aux genoux, et celui de madame Silva, jeune Portugaise que j'ai retrouvée depuis à Naples, et dont je parlerai plus tard. En tout, j'ai prodigieusement travaillé à Rome pendant les trois ans que j'ai passés en Italie. Non seulement je trouvais une grande jouissance à m'occuper de peinture, entourée comme je l'étais de tant de chefs-d'œuvre; mais il fallait aussi me refaire une fortune, car je ne possédais pas cent francs de rente. Heureusement je n'eus qu'à choisir, parmi les plus grands personnages, les portraits qu'il me plaisait de faire.

La satisfaction d'habiter Rome pouvait seule me consoler un peu du chagrin d'avoir quitté mon pays, ma famille, et tant d'amis que je chérissais. L'intérêt qu'inspirent les beaux lieux est si vif pour tout le monde et si profitable à un artiste, qu'il suffit pour répandre quelque douceur sur la vie. Combien de fois, voulant me distraire de pensées trop pénibles, j'ai été au soleil couchant revoir ce Colysée, dont l'imagination ne saurait agrandir l'espace! Il est impossible, quand on est là, de songer à autre chose qu'à ces effets si beaux, si divers! Les arcades, éclairées d'un ton jaune rougeâtre, se détachent sur ce ciel d'outre-mer que l'on ne voit nulle part aussi foncé qu'en Italie. L'intérieur ruiné de ce grand théâtre, qui est maintenant rempli de verdure, d'arbustes en fleur, et de lière qui court çà et là, ne doit encore sa conservation actuelle qu'à une douzaine de petites chapelles portant une croix, placées symétriquement au milieu de l'enceinte. C'est là que des confréries viennent faire des stations, et d'autres entendre prêcher un capucin. Ainsi, ce qui fut jadis l'arène des gladiateurs et des bêtes féroces, est devenu un lieu consacré à notre culte. Quelles réflexions ne font point naître de semblables métamorphoses! Mais dans Rome, peut-on faire un pas sans rêver à l'instabilité des choses humaines; soit que l'on foule aux pieds ces marbres, ces débris de colonnes, ces fragmens de bas-reliefs qui faisaient l'ornement des temples, des palais, et qui, malgré leur vétusté, conservent encore le style et le *faire* délicat des Grecs; soit qu'on entre dans les églises et qu'on y trouve ces baignoires de marbre précieux, qui peut-être ont servi à Périclès ou à Lays, transformées en tabernacles? Le maître-autel de Sainte-Marie-Majeure est une urne antique de porphyre; les colonnes de la plupart des églises sont celles des anciens temples. Tout offre un mélange de sacré et de profane; et ces superbes restes d'un temps qui n'est plus ajoutent prodigieusement à la magnificence des cérémonies religieuses, qui d'ailleurs ont conservé toute la pompe de l'ancienne Rome.

Mon travail ne me privait point du plaisir journalier de parcourir Rome et ses environs. J'allais toujours seule visiter les palais qui renfermaient des collections de tableaux et de statues, afin de n'être point distraite de ma jouissance par des entretiens ou des questions souvent insipides. Tous ces palais sont ouverts aux étrangers, qui doivent beaucoup de reconnaissance aux grands seigneurs romains d'une telle obligeance.

Je me suis décidée à ne donner ici qu'un très léger aperçu de ces magnifiques habitations et des beautés qu'elles renferment, d'abord parce qu'il existe une multitude d'ouvrages qui les décrivent en détail, ensuite parce que tant d'années se sont écoulées depuis mon voyage à Rome, que beaucoup de chefs-d'œuvre ont changé de place. J'apprends sans cesse aujourd'hui, par des gens arrivant d'Italie, que telle statue ou tel tableau n'est plus où je l'avais vu, et je ne veux point induire en erreur les amis des arts.

Le palais Justinien renfermait alors une immense quantité de chefs-d'œuvre qui depuis ont tous été vendus. J'y admirai l'Ombre de Samuel, un des plus beaux tableaux de Gérard de la Note; c'est un effet de nuit du genre habituel de ce maître; plusieurs statues antiques, entre autres la fameuse Minerve devant laquelle on a long-temps brûlé l'encens, ce qu'on reconnaît en voyant le bas de cette statue très enfumé.

Le palais Farnèse, Doria, Barbarini, étaient pleins aussi d'objets d'art qu'on ne se lassait pas d'aller revoir. Dans le dernier, qui est situé sur le Mont-Quirinal et dont la cour renfermait alors un obélisque égyptien, la voûte du grand salon est peinte par Pierre de Cortone; dans d'autres salles, on trouvait la Mort de Germanicus, du Poussin, une Magdeleine, et un Enfant endormi de Guide, et plusieurs beaux portraits de ce peintre. En sculpture, un magnifique buste d'Adrien, le Faune qui dort, et beaucoup d'autres statues et bas-reliefs antiques.

Le palais Colona est cité comme le plus beau de Rome; toutefois, il est loin d'offrir le même intérêt que le palais Borghèse. Celui-ci est si riche en tableaux des grands maîtres et en statues, qu'il peut, ainsi que la villa du même nom, passer pour un musée royal. C'est là que j'ai vu les plus beaux tableaux de Claude Lorrain.

Si l'on s'en croyait, on passerait sa vie à

Rome dans les palais dont je parle et dans les églises. Les églises renferment des trésors en peinture, en mausolés admirables. En ce genre, les richesses qui ornent Saint-Pierre sont assez connues ; pourtant je veux dire un mot du mausolée de Ganganelli par Canova, qui est une bien belle chose. C'est à *San Pietro in vincoli* que se trouve celui de Jules II par Michel-Ange. A Saint-Laurent hors des murs, on voit des tombeaux antiques : l'un d'eux représente un mariage, et l'autre une vendange. L'église de Saint-Jean-de-Latran, qui est ornée de colonnes, renferme aussi plusieurs tombeaux du même genre, dont l'un est en porphyre et d'une immense dimension ; le cloître, qui joint la sacristie, est rempli d'inscriptions antiques écrites en diverses langues. C'est à Saint-Jean-de-Latran que le peuple monte à genoux les vingt-huit degrés qui précèdent le portail.

La plus belle des églises sous le rapport d'architecture est celle de Saint-Paul hors des murs, dont l'intérieur, de chaque côté, est orné de colonnes. On ne peut douter que Saint-Paul n'ait été un temple, et c'est dans ce style que j'aurais désiré Saint-Pierre.

A Saint-André-de-la-Valle, la coupole et les quatre évangélistes sont peints par le Dominiquin. C'est à la Trinité-du-Mont, que se trouve la célèbre Descente de Croix de Daniel de Volterra. Ce tableau, aussi admirable par la composition que par l'expression, est un des chefs-d'œuvre les plus remarquables de Rome. Je l'ai vu bien dégradé; mais on m'assure qu'aujourd'hui il est parfaitement restauré. Je ne sais s'il faut dire que l'on voit dans l'église de la Victoire de Sainte-Marie, la fameuse Sainte-Thérèse du Bernin, dont l'expression scandaleuse ne peut se décrire; mais c'est à San Pietro in Montorio qu'on pouvait admirer alors la Transfiguration de Raphaël.

On ne peut avoir une idée de l'effet imposant et grandiose que produit la religion catholique, quand on n'a point vu Rome pendant le carême. La semaine sainte commence au dimanche des Rameaux, et se passe en cérémonies religieuses dont la pompe est vraiment admirable.

Le mercredi, je me portai avec la foule à la chapelle de Monte-Cavalo où se chante le *Stabat Mater* de Pergolèze, musique qu'on peut appeler céleste.

Le jeudi j'assistai à la messe qui se dit à Saint-Pierre avec la plus grande magnificence. Les cardinaux, revêtus de riches chasubles et tenant un cierge à la main, se rendent dans la chapelle Pauline, qui est éclairée par mille cierges. Un grand nombre de soldats, qui portent des cuirasses et des casques de fer, suivent le cortége, et le coup d'œil de cette procession est superbe.

Le matin du vendredi-saint, j'allai à la chapelle Sixtine, entendre le fameux *Miserere* d'Allégri, chanté par des soprani sans aucun instrument. C'était vraiment la musique des anges. Le soir, je me rendis à Saint-Pierre, les cent lampes de l'autel étaient éteintes. L'église ne se trouve plus éclairée que par une croix illuminée, prodigieusement brillante.

Cette croix a pour le moins vingt pieds de hauteur, et vous paraît être suspendue d'une manière magique. Nous vîmes entrer le pape, qui s'agenouilla; il était suivi de tous les cardinaux qui l'imitèrent; mais ce qui, je l'avoue, me surprit et me scandalisa même, ce fut de voir, pendant la prière du saint Père, une quantité d'étranger se promener dans l'église avec la même liberté que s'ils étaient dans le jardin du Palais-Royal.

Le jour de Pâques, j'eus soin de me trouver sur la place de Saint-Pierre, pour voir le pape donner la bénédiction. Rien n'est plus solennel. Cette place immense est couverte dès le grand matin par des groupes de paysans et d'habitans de la ville voisine, tous en costumes différens, de couleurs fortes est variées; on y voit un grand nombre de pélerins. Et pas un de ces groupes ne se divise. Les galeries de chaque côté de l'église étaient remplies de Romains et d'étrangers, puis en avant, se trouvaient placées les troupes du pape et les troupes suisses, enseignes et drapeaux déployés. Le plus religieux silence régnait partout. Ce peuple était aussi immobile que le superbe obélisque de granit oriental qui orne la place; on n'entendait que le bruit de l'eau tombant des deux belles fontaines, se perdre doucement dans l'immensité de la place

A dix heures le pape arriva, tout habillé de blanc, et la tiare sur la tête. Il se plaça dans la tribune du milieu en dehors de l'église, sur un magnifique trône cramoisi très élevé. Tous les cardinaux, vêtus de leur beau costume, l'entouraient. Il faut dire que le pape Pie VI était superbe. Son visage coloré n'offrait aucune trace des fatigues de l'âge. Ses mains étaient très blanches et potelées. Il s'agenouilla pour lire sa prière; après quoi, se levant, il donna trois bénédictions en prononçant ces mots: *urbi et orbi* (à la ville et au monde). Alors comme frappés par un coup d'électricité, le peuple, les étrangers, les troupes, tout se prosterna, tandis que le canon retentissait de toute part; ce qui ajoute encore à la majesté de cette scène, dont il est, je crois, impossible de ne ne pas se sentir attendri.

La bénédiction donnée, les cardinaux jettent de la tribune une grande quantité de papiers, que l'on m'a dit porter des indulgences. C'est à ce moment seulement que les groupes dont j'ai parlé se rompent, se confondent; qu'un millier de bras s'élèvent pour saisir un de ces papiers. Le mouvement, l'ardeur de cette foule qui s'élance et se presse, est au-dessus de toute description. Lorsque le pape se retire, la musique des régimens joue des fanfares, et les troupes défilent ensuite au son des tambours.

Le soir, le dôme de Saint-Pierre est illuminé, d'abord en verres de couleur, puis subitement en lumières blanches du plus grand éclat. On ne peut concevoir comment ce changement s'opère avec tant de rapidité; mais c'est un spectacle aussi beau qu'extraordinaire. Le soir aussi on tire un très beau feu d'artifice au-dessus du château Saint-Ange. Des milliers de bombes et de ballons enflammés sont lancés dans l'air; la girandole qui termine est ce qu'on peut voir de plus magnifique en ce genre, et le reflet de ce beau feu dans le Tibre en double l'effet.

A Rome, où tout est resté grandiose, on n'illumine point avec de misérables lampions. On place devant chaque palais d'énormes candélabres d'où sortent de grands feux dont les flammes s'élèvent et rendent, pour ainsi dire, le jour à toute la ville. Ce luxe de lumière frappe d'autant plus un étranger, que les rues de Rome habituellement ne sont éclairées que par les lampes qui brûlent devant les madones.

La foule des étrangers est attirée à Rome bien plus pour la semaine-sainte, que pour le carnaval, qui ne m'a pas semblé fort remarquable. Les masques s'établissent sur des gradins, déguisés en arlequin, en polichinelle, etc., ainsi que nous les voyons à Paris sur les boulevarts, si ce n'est qu'à Rome ils ne bougent point. Je n'ai vu qu'un seul jeune homme qui courait les rues, costumé à la française. Il contrefaisait à s'y méprendre un élégant très maniéré que nous avons tous reconnu.

Les voitures, les chars vont et reviennent remplis de personnes costumées richement. Les chevaux sont parés de plumes, de rubans, de grelots, et la livrée porte des habits de scaramouche ou d'arlequin ; mais tout cela se passe le plus tranquillement du monde. Enfin, vers le soir, quelques coups de canon annoncent les courses de chevaux, qui animent le reste du jour.

Une de mes jouissances, dès que je fus arrivée à Rome, fut celle d'entendre de la musique, et certes, les occasions ne manquaient pas. La célèbre Banti s'y trouva pendant mon séjour. Quoiqu'elle eût chanté plusieurs fois à Paris, je ne l'avais jamais entendue, et j'eus cette jouissance à un concert qui se donna dans une galerie immense. Je ne sais pourquoi je m'étais figuré qu'elle avait une taille prodigieusement grande. Elle était au contraire très petite et fort laide, ayant une telle quantité de cheveux, que son chignon ressemblait à une crinière de cheval. Mais quelle voix ! il n'en a jamais existé de pareille pour la force et l'étendue; la salle, toute grande qu'elle était, ne pouvait la contenir. Le style de son chant, je me le rappelle, était absolument le même que celui du fameux Pachiarotti, dont madame Grassini a été l'élève.

Cette admirable cantatrice était conformée d'une manière très particulière : elle avait la poitrine élevée et construite tout-à-fait comme un soufflet; c'est ce qu'elle nous fit voir après le concert, lorsque quelques dames et moi furent passées avec elle dans un cabinet; et je pensai que cette étrange organisation pouvait expliquer la force et l'agilité de sa voix.

Très peu de temps après mon arrivée, j'allai avec Angelica Kaufmann voir l'opéra de *César*, dans lequel Crescentini débutait. Son chant et sa voix à cette époque avaient la même perfection : il jouait un rôle de femme, et il était affublé d'un grand panier comme on en portait à la cour de Versailles, ce qui nous fit beaucoup rire. Il faut ajouter qu'alors Crescentini avait toute la fraîcheur de la jeunesse et qu'il jouait avec une grande expression. Enfin, pour tout dire, il succédait à Marchesi, dont toutes les Romaines étaient folles, au point qu'à la dernière représentation qu'il donna, elles lui parlaient tout haut de leurs regrets; plusieurs même pleuraient amèrement, ce qui, pour bien du monde, devint un second spectacle.

CHAPITRE IV.

La place Saint-Pierre.—Les poignards.—La princesse Joseph de Monaco. — La duchesse de Fleury; son mot à Bonaparte. — Bontés de Louis XVI pour moi. — L'abbé Maury. — Usage qui m'empêche de faire le portrait du pape. — Les Cascatelles et Tusculum. — La villa Conti, la villa Adrianna. —Monte Mario.—Genesano.—Nemi.—Son lac.—Aventure.

Il n'existe pas une ville au monde dans laquelle on puisse passer le temps aussi délicieusement qu'à Rome, y fût-on privé de toutes les ressources qu'offre la société. La promenade seule dans ces murs est une jouissance; car on ne se lasse point de revoir ce Colysée, ce Capitole, ce Panthéon, cette place Saint-Pierre avec sa colonnade, sa superbe pyramide, ses belles fontaines que le soleil éclaire d'une manière si magnifique, que souvent l'arc-en-ciel se joue sur celle qui est à droite en entrant. Cette place est d'un effet surprenant au coucher du soleil et au clair de lune; que ce fût ou non mon chemin, je me plaisais alors à la traverser.

Ce qui m'a beaucoup étonnée à Rome, c'est de trouver le dimanche matin au Colysée une quantité de femmes des plus basses classes extraordinairement parées, couvertes de bijoux, et portant aux oreilles d'énormes girandoles en diamans faux. C'est aussi dans cette toilette qu'elles se rendent à l'église, suivies d'un domestique, qui, très souvent, n'est autre que leur mari ou leur amant, dont l'état est presque toujours celui de valet de place. Ces femmes ne font rien dans leur ménage; leur paresse est telle, qu'elles vivent misérables et deviennent pour la plupart des femmes publiques. On les voit à leurs fenêtres dans les rues de Rome, coiffées avec des fleurs, des plumes, fardées de rouge et de blanc; le haut de leur corsage, que l'on aperçoit, annonce une fort grande parure ; en sorte qu'un amateur novice, qui veut faire connaissance avec elles, est tout surpris, quand il entre dans leurs chambres, de les trouver seulement vêtues d'un jupon sale. Les plaisantes Romaines dont je parle n'en jouent pas moins les grandes dames, et quand le temps de se rendre aux *villa* arrive, elles ferment avec soin leurs volets, pour faire croire qu'elles sont aussi parties pour la campagne.

On m'a assuré que toutes les femmes à Rome avaient sur elles un poignard; je ne crois cependant pas que les grandes dames en portent; mais il est certain que la femme de Denis le peintre en paysage, chez qui j'ai logé, et qui était Romaine, m'a fait voir celui qu'elle portait constamment. Quant aux hommes du peuple, ils ne marchent jamais sans en être munis, ce qui amène souvent des accidens bien graves. Trois jours après mon arrivée, par exemple, j'entendis le soir, dans la rue, des cris suivis d'un grand tumulte. J'envoyai savoir ce qui se passait, et l'on revint me dire qu'un homme venait d'en tuer un autre avec son poignard. Comme ces manières d'agir m'effrayaient beaucoup pour les étrangers, on m'assura que les étrangers n'avaient rien à craindre, qu'il ne s'agissait jamais que de vengeance entre compatriotes. Dans le cas dont il est question notamment, il y avait dix ans que l'assassin et l'homme assassiné s'étaient pris de querelle : le premier venait de reconnaître son adversaire, et l'avait frappé de son poignard; ce qui prouve combien de temps un Italien peut conserver sa rancune.

A coup sûr, les mœurs de la classe élevée sont plus douces, car la haute société est à peu près la même dans toute l'Europe. Toutefois, j'en serais assez mauvais juge; car à l'exception des rapports relatifs à mon art, et des invitations qui m'étaient adressées pour des réunions nombreuses, j'ai eu peu de moyens de connaître les grandes dames romaines. Il m'est arrivé ce qui arrive naturellement à tout exilé, c'est de rechercher à Rome, pour société intime, celle de mes compatriotes. Pendant les années 1789 et 1790, cette ville était pleine d'émigrés français que je connaissais pour la plupart, ou avec lesquels je fis bientôt connaissance. Au nombre de ces voyageurs, qui plus tôt ou plus tard venaient de quitter la France, je citerai le duc et la duchesse de Fitz-James avec leur fils, que nous voyons jouir aujourd'hui d'une si belle célébrité, la famille des Polignac; je m'abstins néanmoins de fréquenter ceux-ci, dans la crainte d'exciter la calomnie; car on n'aurait pas manqué de dire que je complotais avec eux, et je crus devoir éviter cela en considération des parens et des amis que j'avais laissés en France. Nous vîmes arriver aussi la princesse Joseph Monaco, la duchesse de Fleury, et une foule d'autres personnes marquantes.

La princesse Joseph avait une charmante figure, beaucoup de douceur et d'amabilité. Pour son malheur, hélas! elle ne resta pas à Rome. Elle voulut retourner à Paris afin d'y soigner le peu de fortune qui restait à ses enfans, et s'y trouva à l'époque de la terreur. Arrêtée, condamnée à mort, on lui conseilla vainement de se dire grosse; son mari n'étant plus en France, elle n'y consentit pas et fut conduite à l'échafaud.

Ce qui désespère, quand on pense à cette aimable femme, c'est que le 9 thermidor approchait et qu'il ne lui fallait que gagner fort peu de temps.

Celle que je distinguai bientôt parmi toutes les dames françaises qui se trouvaient à Rome, était la charmante duchesse de Fleury, très jeune alors; la nature semblait s'être plu à la combler de tous ses dons. Son visage était enchanteur, son regard brûlant, sa taille celle qu'on donne à Vénus, et son esprit supérieur. Nous nous sentîmes entraînées à nous rechercher mutuellement; elle aimait les arts, et se passionnait comme moi pour les beautés de la nature; enfin je trouvai en elle une compagne telle que je l'avais souvent désirée.

Nous allions habituellement ensemble passer nos soirées chez le prince Camille de Rohan, qui était alors ambassadeur de Malte et grand commandeur de l'ordre; tous les soirs il réunissait chez lui les étrangers les plus distingués; la conversation était très animée et très intéressante; chacun y parlait de ce qu'il avait vu dans la journée, et le goût, l'esprit de la duchesse de Fleury brillait par-dessus tout.

Cette femme si séduisante me semblait dès-lors exposée aux dangers qui menacent tous les êtres doués d'une imagination vive et d'une ame ardente; elle était tellement susceptible de se passionner qu'en songeant combien elle était jeune, combien elle était belle, je tremblais pour le repos de sa vie; je la voyais souvent écrire au duc de Lauzun, qui était bel homme, plein d'esprit et très aimable, mais d'une grande immoralité, et je craignais pour elle cette liaison, quoique je puisse penser qu'elle était fort innocente. Le duc de Lauzun était resté en France; j'ignore s'il a pris une part active à la révolution; ce qui est certain, c'est qu'il a été guillotiné.

Quant à la duchesse de Fleury, elle est revenue à Paris avant moi. Les passions y étaient encore débordées. Tout en arrivant, elle fit divorce avec son mari, puis étant devenue très amoureuse de M. de Montrond, homme à bonne fortune, jeune encore, et très spirituel, elle l'épousa. Tous deux quittèrent le monde pour aller jouir de leur bonheur dans la solitude, mais, hélas! la solitude tua l'amour et ils ne revinrent à Paris que pour divorcer. La dernière passion qu'elle prit s'alluma pour un frère de Garat, qui, m'a-t-on dit, la traitait cruellement; enfin elle ne retrouva la paix et du bonheur qu'à la restauration qui lui ramena son père, le comte de Coigny, dans les bras duquel elle alla se jeter pour le soigner jusqu'à sa mort; avant la rentrée des Bourbons, étant allée voir un jour l'empereur Bonaparte, celui-ci lui dit brusquement : — Aimez-vous toujours les hommes? — Oui, sire, quand ils sont polis, répondit-elle.

L'arrivée à Rome de tant de personnes qui apportaient des nouvelles de la France me faisait éprouver chaque jour des émotions, souvent bien tristes, et quelquefois bien douces: on me raconta, par exemple, que peu de temps après mon départ, comme on suppliait le roi de se faire peindre, il avait répondu : « Non, j'attendrai le retour de madame Lebrun, pour qu'elle fasse mon portrait en pendant à celui de la reine. Je veux qu'elle me peigne en pied, donnant l'ordre à M. de La Pérouse d'aller faire le tour du monde. »

Rien ne m'est plus doux que de me rappeler combien Louis XVI m'a toujours témoigné de bonté, au point que je me suis beaucoup reproché d'avoir oublié de dire, dans mon premier volume, qu'à l'époque où je fis le grand portrait de la reine avec ses enfans, M. d'Angevilliers vint chez moi et me dit que le roi voulait me donner le cordon de Saint-Michel, qui ne s'accordait alors qu'aux artistes et aux gens de lettres de premier ordre ; comme dans ce temps aussi les plus odieuses calomnies s'attachaient à ma personne, je craignis qu'une aussi haute distinction ne portât à son comble l'envie que j'excitais déjà, et, toute pénétrée que j'étais de reconnaissance, je n'en priai pas moins M. d'Angevilliers de faire ses efforts pour que le roi perdît l'idée de m'accorder cette faveur.

Je retrouvai à Rome un de mes meilleurs et de mes anciens amis, M. Dagincour, qui, lorsqu'il habitait Paris, me prêtait les beaux dessins qu'il possédait pour les copier. M. Dagincour était un grand enthousiaste des arts et surtout de la peinture; j'étais fort jeune quand il quitta la France; il me dit en partant : « Je ne vous reverrai que dans trois ans, » et il s'en était écoulé quatorze depuis lors, sans qu'il pût se décider à quitter Rome, ne pouvant plus imaginer que l'on pût vivre autre part. Aussi a-t-il fini ses jours dans cette ville, regretté de tous ceux qui l'avaient connu.

C'est aussi, je crois, pendant mon premier séjour à Rome, que je revis l'abbé Maury, qui n'était pas encore cardinal; il vint chez moi pour me dire que le pape voulait que je fisse son portrait; je le désirais infiniment; mais il fallait que je fusse voilée pour peindre le Saint-

Père et la crainte de ne pouvoir ainsi rien faire dont je fusse contente, m'obligea à refuser cet honneur. J'en eus bien du regret, car Pie VI était encore un des plus beaux hommes qu'on pût voir.

J'étais arrivée à Rome, où il pleut si rarement, précisément à l'époque des pluies d'automne, qui sont de vrais déluges. Il me fallut attendre le beau temps pour visiter les environs. M. Ménageot alors me mena à Tivoli avec ma fille et Denis le peintre; ce fut une charmante partie. Nous allâmes d'abord voir les cascatelles, dont je fus si enchantée que ces messieurs ne pouvaient m'en arracher. Je les crayonnai aussitôt avec du pastel, désirant colorer l'arc-en-ciel qui ornait ces belles chutes d'eaux. La montagne qui s'élève à gauche, couverte d'oliviers, complète le charme du point de vue.

Quand nous eûmes enfin quitté les cascades, Ménageot nous fit monter par un mauvais petit sentier à pic jusqu'au temple de la Sibylle, où nous dînâmes de bon appétit; puis après, j'allai me coucher sur le soubassement des colonnes du temple pour y faire la sieste. De là, j'entendais le bruit des cascades, qui me berçait délicieusement ; car celui-là n'a rien d'aigre comme tant d'autres que je déteste. Sans parler du terrible bruit du tonnerre, il y en a d'insupportables, pour moi, dont je pourrais tracer la forme d'après l'impression que j'en reçois : je connais des bruits ronds, des bruits pointus ; de même, il en est qui m'ont toujours été agréables : celui des vagues de la mer, par exemple, est moelleux et porte à une douce rêverie ; enfin je serais capable, je crois, d'écrire un traité sur les *bruits*, tant j'y ai, toute ma vie, attaché d'importance. Mais je reviens à Tivoli. Nous couchâmes à l'auberge, et de grand matin nous retournâmes aux cascatelles, où je finis mon esquisse. Ensuite nous allâmes voir la grotte de Neptune, du haut de laquelle tombe une énorme quantité d'eau, qui, après avoir bouillonné en cascades sur de grosses pierres noires, va former une large nappe blanche et limpide. De là, nous entrâmes dans ce qu'on appelle l'antre de Neptune, qui n'est autre chose qu'un amas de rochers couverts de mousse, sur lesquels tombent des cascades qui rendent cette caverne très pittoresque. Près de là, nous trouvâmes une nouvelle cascade que l'on aperçoit sous l'arche d'un pont : je la dessinai aussi ; car tous les artistes ont dû sentir comme moi qu'il est impossible de marcher autour de Rome sans éprouver le besoin de prendre ses crayons ; je n'ai jamais pu faire un petit voyage, pas même une promenade, sans rapporter quelques croquis. Toute place m'était bonne pour me poser, tout papier me convenait pour faire mon dessin. Je me souviens, par exemple, que, pendant mon séjour à Rome, je reçus une lettre de M. de la Borde, qui renfermait une lettre de change de dix-huit mille francs sur son banquier à Rome, en paiement de deux tableaux que je lui avais vendus avant de quitter la France (1). N'ayant point alors besoin d'argent, je remis à me faire payer plus

---

(1) Ces deux tableaux étaient le portrait de Robert, sa palette à la main, et le mien tenant ma fille dans mes bras.

tard de cette somme (en quoi l'on va voir que j'eus fort grand tort) : me trouvant un soir sur la terrassse de la Trinité-du-Mont, je suis frappée de la beauté du soleil couchant; et comme je n'avais point d'autre papier sur moi que la lettre de M. de la Borde, chargée d'écriture, je prends la lettre de change qu'elle contenait et je trace derrière ce coucher du soleil. Trois ans après, comme je songeais à rentrer en France, ce que je ne fis pourtant pas alors, je touchai chez un banquier de Turin dix mille francs à compte, qui même ne m'en valurent que huit mille, tant le change sur Paris était mauvais à cette époque. Par suite, quand je fus de retour en France, M. Alexandre de la Borde ne voulant ou ne pouvant pas acquitter les huit mille francs qui restaient à payer, nous rompîmes le marché, il me rendit mes tableaux, et je lui remis la lettre de change avec mon coucher du soleil derrière.

M. Ménageot, qui nous faisait les honneurs de Rome, nous conduisit à la villa Aldobrandini, dont le parc est très beau et les jets d'eau superbes. Du cazin, qui est fort élevé, on découvre une vue magnifique : d'un côté on aperçoit les anciens aquéducs qui traversent la campagne de Rome; de l'autre la mer et la belle ligne des Apennins et plus bas, *Tusculum*. Nous allâmes visiter cette ville détruite, qui était située sur une montagne. C'est un triste spectacle que l'amas de pierres formé par ces maisons, par ces murailles renversées sans forme, çà et là, sur terre. Il n'est resté debout que l'enceinte où Cicéron tenait son école. Le cœur se serre à la vue de ces grands désastres, qui font naître de si tristes pensées.

En quittant *Tusculum*, nous allâmes à Monte-Cavi. Nous trouvâmes à droite de cette montagne une forêt qu'il faut gravir pour aller voir les restes informes d'un temple de Jupiter. Ce temple a, dit-on, été bâti par Tarquin-le-Superbe.

Nous allâmes aussi visiter la villa Conti, où j'ai vu les plus beaux arbres de toutes les espèces; puis, la villa Palavicina, dont le cazin est superbe et les appartemens très beaux. Nous trouvâmes à peu de distance une chapelle dans laquelle étant entrés, nous vîmes une sainte Victoire très bien habillée et couchée sur une châsse. Comme un rideau la couvrait, le petit garçon qui nous conduisait, en le tirant, fit remuer la sainte; je crus que ma fille en mourrait de frayeur. Enfin nous terminâmes cette tournée par une course à la villa Bracciano que je trouvai très belle.

Le souvenir qui me reste de toutes ces superbes villa, néanmoins, est loin de m'intéresser autant que celui de cette grande ruine qu'on appelle la villa Adriana. Malgré les énormes débris qui couvrent le terrain sur lequel était bâti ce vaste palais antique, on peut encore juger de sa beauté. Il avait trois milles de longueur; ses murs seuls attestent son ancienne magnificence, et l'on prend une idée des merveilles qu'on a pu en tirer, en voyant cette quantité de statues antiques qui ornent aujourd'hui la villa d'Est, le Capitole et plusieurs palais de Rome. «Adrien, dit M. de Lalande dans son *Voyage d'Italie*, avait imité dans son palais tout ce que l'antiquité avait eu de plus célèbre. On y trouvait un lycée, une académie, le portique, le temple de Thessalie, la piscine d'Athènes, etc., etc. On y avait construit un double portique très long et très élevé, qui garantissait du soleil à toutes les heures du jour. Vingt-cinq niches, pratiquées dans les murs de la bibliothèque, avaient sans doute contenu des statues. »

On reconnaît dans ces ruines fameuses l'excellente distribution des appartemens, qui sont extrêmement vastes. Les décorations extérieures et intérieures feront toujours l'admiration des architectes, autant par leur style que par leur exécution. Nous sommes bien loin, hélas! de cette élégance et de ce grandiose.

J'avais peine à quitter ce lieu de splendeur et de destruction. Ah! combien ce qui reste fait rêver! Combien le temps fait nos plus grandes choses petites! Depuis que le monde existe, les merveilles du ciel sont les seules qui n'aient point changé. Ayons donc de l'orgueil, quand chaque pas que l'on fait dans les environs de Rome nous révèle l'instabilité des choses humaines; car on peut dire que là on foule aux pieds les chefs-d'œuvre. Je me rappelle qu'un jour, me promenant fort près de la ville avec la duchesse de Fleury, nous entrâmes dans une villa dont le jardin était presque en friche et qui nous paraissait désert. En entrant dans une allée où l'herbe poussait, nous aperçûmes de loin plusieurs débris de vases et de statues mutilées. Ayant poussé plus loin, nous trouvâmes quelques ouvriers qui démolissaient une petite maison dans laquelle ils avaient déjà trouvé ces restes d'antiquités, qu'ils brisaient en les jetant çà et là sans aucune précaution; madame de Fleury et moi, furieuses contre le propriétaire qui n'avait pas songé à faire surveiller ses manœuvres, nous étions décidées à l'aller trouver pour arrêter ce massacre; mais on nous dit que la personne à qui appartenait le jardin était en voyage, et il nous fut impossible de savoir à qui nous pouvions nous adresser pour obtenir que l'on fît avec soin des fouilles aussi intéressantes.

Un lieu que j'avais pris en grande affection, c'était la hauteur du Monte-Mario, sur laquelle est située la villa Mellini. On m'a dit qu'en creusant le chemin qui y conduit, on avait trouvé des coquilles d'huîtres et une roue semblable à celles que l'on fait aujourd'hui. On voit encore sur ces chemins d'énormes troncs d'arbres coupés; ces arbres ont été ceux de la forêt sacrée qui conduisait au temple antique, à la place même où se trouve maintenant le cazin, qui est abandonné. Arrivée sur les côtes du mont, j'aperçus la belle ligne des Apennins; cette vue est si magnifique, cet air est si bon, je me trouvais si bien là, qu'après y être venue d'abord avec M. Ménageot, j'y retournai plusieurs fois toute seule; et pour que je pusse y rester plus long-temps, mon domestique, qui me suivait, portait mon dîner dans un panier. Ce dîner était un poulet; mais comme il y avait une espèce de ferme sur le plateau, j'y faisais demander des œufs frais. Je ne puis dire la jouissance que j'éprouvais à contempler ces lignes des Apennins jusqu'à l'heure où le soleil couchant les colorait des tons de l'arc-en ciel! Cette voûte céleste d'un bleu d'azur, cet air si pur, cette complète solitude, tout m'élevait l'ame; j'adressais au ciel une prière pour la France, pour mes amis, et Dieu sait quel mépris j'éprouvais alors pour les petitesses du monde; car, ainsi que l'a dit le poète Lebrun :

« L'ame prend la hauteur des cieux qui l'environnent. »

M. Ménageot m'avait recommandé de ne jamais aller seule dans les chemins escarpés et solitaires, en sorte que mon domestique me suivait toujours; mais je voulais que ce fût de loin, d'autant plus qu'il avait des souliers qui faisaient un bruit insupportable. Pour cette raison, je lui dis un jour : « Germain, éloignez-vous, je vous prie, vous m'empêchez de penser.» En sorte que, si j'allais me promener, le pauvre homme, qui n'avait rien de mieux à faire, s'amusait à guetter toutes les personnes qui voulaient s'approcher de moi, et les accostait pour leur dire : « N'allez pas près de madame, cela l'empêche de penser, » ce que plusieurs gens de mes connaissances me répétaient le soir.

Lorsque les chaleurs devinrent insupportables à Rome, je fis plusieurs excursions aux environs, désirant trouver une maison dans laquelle je pusse me loger avec la duchesse de Fleury. J'allai d'abord à la Riccia, j'y fis une charmante promenade dans les bois, qui sont superbes et fort pittoresques. On y trouve une quantité de beaux arbres très anciens et une jolie fontaine. Après avoir couru quelque temps, nous louâmes à Genesano une maison qui était justement ce qu'il nous fallait. Cette maison avait appartenu à Carle Maratte ; on voyait sur les murailles d'une grande salle, diverses compositions tracées par lui, ce qui me la rendait précieuse. Nous allâmes l'habiter en commun, la duchesse et moi, et nous faisions très bon ménage.

Dès que nous fûmes établies, les courses dans les environs commencèrent. Nous avions loué trois ânes ; car ma fille voulait toujours être de nos parties : nous allâmes d'abord au lac d'Albano ; il est très spacieux, et l'on parcourt avec délices les hauteurs qui l'avoisinent. Cette promenade s'appelle la Galerie d'Albano. Nous lui préférâmes bientôt néanmoins les bords du charmant lac de Némi, à gauche duquel on voit un temple de Diane, dont le soubassement est recouvert par les eaux. Ce lac a quatre milles de circuit, il est comme encaissé dans un fond qu'entoure une si riche végétation, que les sentiers sont bordés de mille fleurs odorantes. Sur la hauteur se montre la ville de Némi, surmontée d'une tour et d'un aqueduc. Nous vîmes un jour une procession sortir des rues de la ville, et parcourir le chemin qui tourne la montagne; je n'ai pas de souvenir plus pittoresque que celui-là. Une autre fois, nous entrâmes dans un cimetière où des têtes de morts étaient rangées avec ordre : madame de Fleury ne pouvait quitter ces têtes; quant à moi, je ne les regardais pas volontiers.

Les arbres qui entourent le lac de Némi sont énormes; il y en a de si vieux, que leur tronc, leurs branches, sont desséchés et blanchis par le temps. Nous fîmes la partie de venir les contempler au clair de lune, et ma fille voulut nous accompagner. On ne peut rien voir de plus charmant que l'effet produit par ces arbres, portant des ombres sur les eaux du lac. Nous restâmes long-temps en admiration ; mais plus loin, comme nous suivions un sentier, ces mêmes arbres, ayant été agités par le vent, prirent tout-à-fait l'aspect de grands spectres qui nous menaçaient; ma pauvre enfant se mourait de peur ; elle me disait toute tremblante : « Ils sont vivans, maman, je t'assure qu'ils sont vivans. »

En certaines circonstances, il faut l'avouer, ma compagne et moi n'étions pas beaucoup plus braves que ma fille, témoin l'aventure suivante : étant allées un jour nous promener toutes deux dans les bois de la Riccia, nous prîmes, pour gagner un grand vallon situé près de là, un chemin dans lequel on voit à droite et à gauche plusieurs tombeaux anciens garnis de lierre. Ce chemin est fort isolé. Tout à coup nous apercevons venir derrière nous un homme qui nous sembla avoir tout l'air d'un brigand. Nous pressons le pas, cet homme nous poursuit; dans la terreur que nous éprouvons, voulant faire croire que nos domestiques ne sont pas éloignés, la duchesse appelle Francisco, moi, Germain ; mais l'ennemi approchait toujours, et, trop sûres que ceux que nous appelions ne viendraient pas, nous nous mîmes à gravir la montagne en courant de toutes nos forces, pour regagner le grand chemin qui se trouve sur la hauteur. Je n'ai jamais su si celui qui nous forçait à nous essouffler de la sorte était un brigand ou le plus honnête homme du monde.

CHAPITRE V.

Je pars pour Naples. — Le mari de Mme Denis, nièce de Voltaire. — Le comte et la comtesse Scawronski. — Le chevalier Hamilton. — Lady Hamilton. — Son histoire, ses attitudes. — L'hôtel de Maroc. — Chiaja. — L'Hercule Farnèse.

J'étais à Rome depuis huit mois à peu près, lorsque, voyant tous les étrangers partir pour Naples, il me prit grande envie de m'y rendre aussi. Je fis part de mon projet au cardinal de Bernis qui, tout en l'approuvant, me conseilla beaucoup de ne point aller seule. Il me parla d'un M. D***, mari de la nièce de Voltaire, madame Denis, qui se proposait de faire ce voyage et qui serait charmé de m'accompagner. M. D***, en effet vint chez moi, me répéter tout ce que m'avait dit le cardinal, en me promettant d'avoir le plus grand soin de ma fille et de moi. Il ajouta, pour me tenter davantage, qu'il avait sous sa voiture une espèce de marmite propre à cuire une volaille, ce qui nous serait très utile, attendu la mauvaise chère que l'on faisait dans les meilleures auberges de Terracine.

Tout cela me convenait à merveille, je partis avec ce monsieur. Sa voiture était fort grande; ma fille et sa gouvernante en occupaient le devant; et de plus, il y avait une banquette dans le milieu. Un énorme valet de chambre vint s'y placer devant moi, de manière que son gros dos me touchait et m'infectait. Il est rare que je parle en voiture, et la conversation se bornait entre nous tous à l'échange de quelques mots. Mais comme nous traversions les marais Pontins, j'aperçus au bord des canaux un berger assis, dont les moutons paissaient dans une prairie tout émaillée de fleurs, au-delà de laquelle on voyait la mer et le cap Circée. — Ceci ferait un charmant tableau, dis-je à mon compagnon de voyage : ce berger, ces moutons, la prairie, la mer! — Ces moutons sont tout crottés, me répondit-il ; c'est en Angleterre qu'il faut en voir. » Plus loin sur le chemin de Terracine, à l'endroit où l'on traverse une petite rivière en bateau, je vis à gauche la ligne des Apennins entourée de nuages superbes que le soleil couchant éclairait ; je ne pus m'empêcher d'exprimer tout haut mon admiration : — Ces nuages ne nous promettent que de la pluie pour demain, dit mon homme.

Arrivés à Terracine, nous descendîmes à l'auberge pour souper et coucher. Ma fille n'avait jamais vu la mer qu'en peinture, elle ne revenait pas de son étonnement : « Sais-tu bien, maman, s'écriait-elle, que c'est plus grand que nature! »

Nous demandâmes à souper ; je comptais beaucoup sur la poularde de M. D*** ; mais vraisemblablement elle avait été oubliée, car nous fûmes réduits à nous contenter de deux mauvais petits plats, et nous nous remîmes en route le lendemain matin fort mal restaurés. Les chemins qui mènent à Naples sont charmans; outre de très beaux arbres qu'on y trouve semés çà et là, ils sont bordés des deux côtés de rosiers sauvages et de myrtes odoriférans. J'étais enchantée, quoique mon compagnon préférât, disait-il, les coteaux de Bourgogne qui promettent de bon vin; mais je ne l'écoutais plus; j'étais décidée à ne point me laisser refroidir par ce glaçon.

Enfin nous arrivâmes à Naples le lendemain, vers trois ou quatre heures. Je ne puis exprimer l'impression que j'éprouvai en entrant dans la ville. Ce soleil si brillant, l'étendue de cette mer, ces îles que l'on aperçoit dans le lointain, ce Vésuve d'où s'élevait une forte colonne de fumée, et jusqu'à cette population si animée, si bruyante, qui diffère tellement de celle de Rome qu'on penserait qu'il existe entre elles mille lieues de distance; tout me ravissait; le plaisir de me séparer de mon ennuyeux compagnon de voyage entrait peut-être bien pour quelque chose dans ma satisfaction. Je nommais ce monsieur mon *éteignoir;* c'est un titre dont souvent depuis j'ai gratifié quelques autres personnes.

J'avais retenu l'hôtel de Maroc, situé à Chiaja, sur les bords de la pleine mer. Je voyais en face de moi l'île de Caprée, et cette situation me charmait. A peine y étais-je arrivée, que le comte Scawronnki, ambassadeur de Russie à Naples, dont l'hôtel touchait le mien, envoya un de ses coureurs pour s'informer de mes nouvelles et me fit apporter aussitôt le dîner le plus recherché. Je fus d'autant plus sensible à cette aimable attention, que je serais morte de faim avant qu'on eût chez moi le temps de songer à la cuisine. Dès le soir même, j'allai le remercier, et je fis alors connaissance avec sa charmante femme; tous deux m'engagèrent beaucoup à n'avoir point d'autre table que la leur, et quoiqu'il me fût impossible d'accepter entièrement cette offre, j'en ai profité souvent pendant mon séjour à Naples, tant leur société m'était agréable.

Le comte Scawronnki avait des traits nobles

et réguliers; il était fort pâle. Cette pâleur tenait à l'extrême faiblesse de sa santé, qui ne l'empêchait pas cependant d'être parfaitement aimable et de causer avec autant de grâce que d'esprit. La comtesse était douce et jolie comme un ange; le fameux Potemkin, son oncle, l'avait comblée de richesses dont elle ne faisait aucun usage. Son bonheur était de vivre étendue sur un canapé, enveloppée d'une grande pelisse noire et sans corset. Sa belle-mère faisait venir de Paris pour elle des caisses remplies des plus charmantes parures que faisait alors mademoiselle Bertin, marchande de modes de la reine Marie-Antoinette. Je ne crois pas que la comtesse en ait jamais ouvert une seule, et quand sa belle-mère lui témoignait le désir de la voir porter les charmantes robes, les charmantes coiffures que ces caisses renfermaient, elle répondait nonchalamment : A quoi bon? pour qui? pour quoi? Elle me fit la même réponse quand elle me montra son écrin, un des plus riches qu'on puisse voir : il contenait des diamans énormes que lui avait donnés Potemkin, et que je n'ai jamais vus sur elle. Je me souviens qu'elle m'a conté que pour s'endormir, elle avait une esclave sous son lit, qui lui racontait tous les soirs la même histoire. Le jour, elle restait constamment oisive ; elle n'avait aucune instruction, et sa conversation était des plus nulles ; en dépit de tout cela, grâce à sa ravissante figure et à une douceur angélique, elle avait un charme invincible. Le comte Scawronnki en était fort amoureux, et quand il eut succombé à ses longues souffrances, la comtesse, que je retrouvai à Pétersbourg, se remaria au bailli de Litta, qui était retourné à Milan pour se faire relever de ses vœux, et revint ensuite en Russie épouser cette belle nonchalante. Elle n'a jamais eu que deux filles de son premier mari, dont l'une a épousé le prince Bagration.

Ce voisinage à Naples me fut très agréable, et je passais la plupart de mes soirées à l'ambassade russe. Le comte et sa femme faisaient souvent une partie de cartes avec l'abbé Bertrand, qui était alors consul de France à Naples.

Cet abbé était bossu dans toute l'étendue du terme, et je ne sais par quelle fatalité, dès que je me trouvais assise à côté de lui près de la table de jeu, l'air des bossus me revenait toujours en tête. J'avais toutes les peines du monde à m'en distraire. Enfin, un soir ma préoccupation devint telle, que je fredonnai tout haut ce malheureux air; je m'arrêtai aussitôt, et l'abbé se retournant vers moi, me dit du ton le plus aimable : «Continuez, continuez, cela ne me blesse nullement.» Je ne puis concevoir comment pareille chose m'était arrivée; c'est un de ces mouvemens inexplicables.

Le comte de Scawronnki m'avait fait promettre de faire le portrait de sa femme avant celui de toute autre personne; je m'y engageai, en sorte que, deux jours après mon arrivée, je commençai ce portrait où l'ambassadrice est peinte presque en pied, tenant en main et regardant un médaillon sur lequel était le portrait de son mari. J'avais donné la première séance, quand je vis arriver chez moi le chevalier Hamilton, ambassadeur d'Angleterre à

Naples, qui me demandait en grâce que mon premier portrait fût celui d'une superbe femme qu'il me présenta; c'était madame Hart, sa maîtresse, qui ne tarda pas à devenir lady Hamilton, et que sa beauté a rendue célèbre. D'après la promesse faite à mes voisins, je ne voulus commencer ce portrait que lorsque celui de la comtesse Scawronnki serait avancé. Je fis en même temps un nouveau portrait de lord Bristol que je retrouvai à Naples, où l'on peut dire qu'il passait sa vie sur le Vésuve, car il y montait tous les jours.

Je peignis madame Hart couchée au bord de la mer, tenant une coupe à la main. Sa belle figure était fort animée et contrastait complètement avec celle de la comtesse; elle avait une quantité énorme de beaux cheveux châtains qui pouvaient la couvrir entièrement, et en bacchante, ses cheveux épars, elle était admirable.

Le chevalier Hamilton faisait faire ce portrait pour lui; mais il faut savoir qu'il revendait très souvent ses tableaux lorsqu'il y trouvait un bénéfice; aussi, M. de Talleyrand, le fils aîné de notre ambassadeur à Naples, entendant dire un jour que le chevalier Hamilton protégeait les arts, répondit-il : « Dites plutôt que les arts le protégent. » Le fait est qu'après avoir marchandé fort long-temps pour le portrait de sa maîtresse, il obtint que je le ferais pour cent louis et qu'il l'a vendu à Londres trois cents guinées. Plus tard, lorsque j'ai peint encore lady Hamilton en sibylle pour le duc de Brissac, j'imaginai de copier la tête et d'en faire présent au chevalier Hamilton, qui la vendit tout de même sans hésiter.

La vie de lady Hamilton est un roman : elle se nommait Emma Lyon ; sa mère, dit-on, était une pauvre servante, et l'on n'est pas d'accord sur le lieu de sa naissance; à treize ans, elle entra comme bonne d'enfant chez un honnête bourgeois à Hawarder; mais, ennuyée de l'obscurité dans laquelle elle vivait, et se flattant qu'à Londres elle pourrait se placer plus convenablement, elle s'y rendit. Le prince de Galles m'a dit l'avoir vue à cette époque, avec des sabots à la porte d'une fruitière, et quoiqu'elle fût très pauvrement vêtue, sa charmante figure la faisait remarquer.

Un détaillant du marché Saint-Jean la reçut à son service, mais elle sortit bientôt de chez lui pour entrer comme femme de chambre chez une dame de bonne famille et très honnête. Dans cette maison elle prit le goût des romans, puis le goût des spectacles. Elle étudiait les gestes, les inflexions de voix des acteurs, et les rendait avec une facilité prodigieuse. Ce talent, qui ne plaisait et ne convenait nullement à sa maîtresse, la fit renvoyer.

Ce fut alors qu'ayant entendu parler d'une taverne où se rassemblaient tous les artistes, elle imagina d'aller y chercher de l'emploi. Sa beauté était dans tout son éclat; toutefois, elle était encore très sage. On raconte que sa première faiblesse eut pour motif de sauver un de ses parens nommé Galois, qui venait d'être *pressé* sur la Tamise, et qui était matelot. Le capitaine, auquel elle s'adressa pour obtenir la délivrance de son parent, y mit un prix qui lui livra la jeune fille. Devenu possesseur d'Emma, il lui donna des maîtres de toute espèce, puis il l'abandonna. Elle fit alors connaissance avec le chevalier Feathersonhang, qui la trouva trop fière avec lui, et ne tarda pas à l'abandonner aussi.

Emma se voyant sans ressource, descendit bientôt au dernier degré d'avilissement. Un hasard étrange la tira de cet abîme. Le docteur Graham s'empara d'elle, pour la montrer chez lui, couverte d'un léger voile, sous le nom de la *déesse Higia* (déesse de la santé); une quantité de curieux et d'amateurs venaient en foule la voir; les artistes surtout en étaient charmés. Quelque temps après cette exhibition, un peintre l'emmena chez lui comme modèle; il lui faisait prendre mille attitudes gracieuses qu'il fixait dans ses tableaux. C'est là qu'elle perfectionna ce talent d'un nouveau genre, qui l'a rendue célèbre. Rien n'était plus curieux en effet que la faculté qu'avait acquise lady Hamilton de donner subitement à tous ses traits l'expression de la douleur ou de la joie, et de se poser merveilleusement pour représenter des personnages divers. L'œil animé, les cheveux épars, elle vous montrait une bacchante délicieuse, puis tout à coup son visage exprimait la douleur, et l'on voyait une Madeleine repentante admirable. Le jour que le chevalier Hamilton me la présenta, il voulut que je la visse en action; je fus ravie; mais elle était habillée comme tout le monde, ce qui me choquait. Je lui fis faire des robes comme celles que je portais, pour peindre à mon aise, et qu'on appelle des blouses; elle y ajouta des schals pour se draper, ce qu'elle entendait très bien; dès-lors, on aurait pu copier ses différentes poses et ses différentes expressions pour faire toute une galerie de tableaux; il en existe même un recueil, dessiné par Frédéric Reinberg, qu'on a gravé.

Pour revenir au roman de sa vie, c'est tandis qu'elle était chez le peintre dont j'ai parlé, que lord Gréville (1) en devint si fort amoureux, qu'il

---

(1) Lord Gréville était de l'antique famille des Warwick.

allait l'épouser en 1789, quand il fut subitement dépouillé de ses places et ruiné. Il partit aussitôt pour Naples, dans l'espoir d'obtenir des secours de son oncle, le chevalier Hamilton, et il emmena Emma afin qu'elle plaidât sa cause auprès de son grand parent. Le chevalier, en effet, consentit à payer toutes les dettes de son neveu, mais à la condition qu'Emma lui resterait. (Je tiens ces détails de lord Gréville lui-même.) Emma devint donc la maîtresse de lord Hamilton, jusqu'au printemps de 1791, qu'il se détermina à l'épouser en dépit des remontrances de sa famille. Il me dit, en partant pour Londres : « Elle sera ma femme malgré eux ; après tout, c'est pour moi que je l'épouse. »

Ainsi, ce fut lady Hamilton qu'il ramena à Naples peu de temps après, devenue aussi grande dame qu'on puisse l'être. On a prétendu que la reine de Naples alors s'était intimement liée avec elle. Il est certain que la reine la voyait ; mais on peut dire que c'était politiquement. Lady Hamilton étant très indiscrète, la mettait au fait d'une foule de petits secrets diplomatiques, dont Sa Majesté tirait parti pour les affaires de son royaume.

Lady Hamilton n'avait point d'esprit, quoiqu'elle fût excessivement moqueuse et dénigrante, au point que ces défauts étaient les seuls mobiles de sa conversation; mais elle avait de l'astuce, qui l'a servie à se faire épouser. Elle manquait de tournure et s'habillait très mal, dès qu'il s'agissait de faire une toilette vulgaire. Je me souviens que lorsque je fis mon premier portrait d'elle en sibylle : elle habitait à Caserte une maison que le chevalier Hamilton avait louée; je m'y rendais tous les jours, désirant avancer cet ouvrage. La duchesse de Fleury et la princesse Joseph de Monaco assistaient à la troisième séance, qui fut la dernière. J'avais coiffé madame Hart (elle n'était pas encore mariée) avec un schall tourné autour de sa tête en forme de turban, dont un bout tombait et faisait draperie. Cette coiffure l'embellissait au point que ces dames la trouvaient ravissante. Le chevalier nous ayant toutes invitées à dîner, madame Hart passa dans ses appartemens pour faire sa toilette, et lorsqu'elle vint nous retrouver au salon, cette toilette, qui était des plus communes, l'avait tellement changée à son désavantage, que ces deux dames eurent toutes les peines du monde à la reconnaître.

Lorsque j'allai à Londres, en 1802, lady Hamilton venait de perdre son mari. Je me fis écrire chez elle, et elle vint aussitôt me voir dans le plus grand deuil. Un immense voile noir l'entourait, et elle avait fait couper ses beaux cheveux pour se coiffer à la Titus, ce qui était alors à la mode. Je trouvai cette Andromaque énorme; car elle avait horriblement engraissé. Elle me dit en pleurant qu'elle était bien à plaindre, qu'elle avait perdu dans le chevalier un ami, un père; et qu'elle ne s'en consolerait jamais. J'avoue que sa douleur me fit peu d'impression; car je crus m'apercevoir qu'elle jouait la comédie. Je me trompais d'autant moins que peu de minutes après, ayant aperçu de la musique sur mon piano, elle se mit à chanter un des airs qui s'y trouvaient.

On sait que lord Nelson à Naples avait été

très amoureux d'elle; elle était restée avec lui en correspondance fort tendre; et quand j'allai lui rendre sa visite un matin, je la trouvai rayonnante de joie; de plus, elle avait placé une rose dans ses cheveux comme Nina. Je ne pus me tenir de lui demander ce que signifiait cette rose? — C'est que je viens de recevoir une lettre de lord Nelson, me répondit-elle.

Le duc de Berri et le duc de Bourbon, ayant entendu parler de ses attitudes, avaient un désir extrême de voir ce spectacle qu'elle n'avait jamais voulu donner à Londres. Je lui demandai de m'accorder une soirée pour les deux princes, et elle y consentit. J'invitai alors quelques autres Français que je savais être fort curieux d'assister à cette scène; et le jour venu je plaçai dans le milieu de mon salon un très grand cadre enfermé à droite et à gauche dans deux paravens. J'avais fait faire une énorme bougie qui répandait un grand foyer de lumière; je la posai de façon qu'on ne pût la voir, mais qu'elle éclairât lady Hamilton comme on éclaire un tableau. Toutes les personnes invitées étant arrivées, lady Hamilton prit dans ce cadre diverses attitudes avec une expression vraiment admirable. Elle avait amené avec elle une jeune fille qui pouvait avoir sept ou huit ans, et qui lui ressemblait beaucoup (1). Elle la groupait avec elle, et me rappelait ces femmes poursuivies dans l'enlèvement des Sabines du Poussin. Elle passait de la douleur à la joie, de la joie à l'effroi, avec une telle rapidité que nous étions tous ravis.

Comme je l'avais retenue à souper, le duc de Bourbon, qui était à table à côté de moi, me fit remarquer combien elle buvait de *porter*. Il fallait qu'elle y fût bien accoutumée, car elle n'était pas ivre après deux ou trois bouteilles. Long-temps après avoir quitté Londres, en 1815, j'ai appris que lady Hamilton venait de finir ses jours à Calais, où elle était morte dans l'isolement et la plus affreuse misère.

Nous voilà bien loin de Naples et de 1790; j'y reviens.

(1) On m'a dit que cette enfant était la fille de lord Nelson.

J'étais dans l'enchantement d'habiter cet hôtel de Maroc, sans parler de l'agrément de mon voisinage. Je jouissais de ma fenêtre de la vue la plus magnifique et du spectacle le plus réjouissant. La mer et l'île Caprée en face; à gauche le Vésuve, qui promettait une éruption par la quantité de fumée qu'il exhalait; à droite le coteau de Pausilipe, couvert de charmantes maisons, et d'une superbe végétation; puis ce quai de Chiaja est toujours si animé qu'il m'offrait sans cesse des tableaux amusans et variés; tantôt des lazzaroni venaient se désaltérer au jet d'eau qui sortait d'une belle fontaine placée devant mes fenêtres, ou de jeunes blanchisseuses y lavaient leur linge; le dimanche de jeunes paysannes, dans leurs plus beaux atours, dansaient la tarentelle devant ma maison, en jouant du tambour de basque, et tous les soirs je voyais les pêcheurs avec des torches dont la vive lumière réflétait dans la mer des lames de feu. Après ma chambre à coucher se trouvait une galerie ouverte qui donnait sur un jardin rempli d'orangers et de citronniers en fleurs;

mais comme toute chose ici-bas a ses inconvéniens, mon appartement en avait un dont il me fallut bien prendre mon parti. Pendant plusieurs heures de la matinée je ne pouvais ouvrir mes fenêtres sur le devant, attendu qu'il s'établissait au-dessous de moi une cuisine ambulante où les femmes faisaient cuire des tripes dans de grands chaudrons, avec de l'huile infecte dont l'odeur montait chez moi. J'étais réduite à regarder la mer à travers mes carreaux. Qu'elle est belle cette mer de Naples! bien souvent j'ai passé des heures à la contempler la nuit, quand ses flots étaient calmes et argentés par le reflet d'une lune superbe. Bien souvent aussi j'ai pris un bateau pour faire une promenade, et jouir du magnifique coup d'œil que présente la ville, que l'on voit alors tout entière, s'élevant en amphithéâtre. Le chevalier Hamilton avait sur le rivage un petit cazin où j'allais quelquefois dîner (1). Il faisait venir de

---

(1) Ceci me rappelle encore un trait du chevalier Hamilton. Dans le cazin dont je parle j'avais fait avec du charbon, sur un dessus de porte, deux petites têtes d'expression, que je fus bien

jeunes garçons qui, pour un sou, plongeaient dans la mer pendant plusieurs minutes ; quand je tremblais pour eux, je les voyais remonter triomphans, leur sou à la bouche.

C'est à Chiaja que se trouve la Villa-Reale, jardin public, bordé par la mer, et qui devient le soir une promenade délicieuse. L'Hercule Farnèse était placé dans ce jardin ; comme on avait retrouvé les jambes antiques de la statue, elles étaient remises en place de celles qu'avait faites dans le temps Michel-Ange ; mais celles-ci restaient posées à côté, afin que l'on comparât, en sorte qu'il fallait reconnaître la sublime supériorité de l'antique, même auprès de Michel-Ange.

surprise de retrouver en Angleterre chez lord Warwick. Le chevalier avait fait scier le chambranle, et vendu ces croquis : je ne me rappelle plus pour quelle somme.

CHAPITRE VI.

Le baron de Talleyrand. — L'île de Caprée. — Le Vésuve. — Ischia et Procida. — Le mont Saint-Nicolas. — Portrait des filles aînées de la reine de Naples. — Portrait du prince royal. — Paësiello. — La Nina. — Le côteau de Pausilipe. — Ma fille, son maître de musique.

Aussitôt que j'étais arrivée à Naples, j'avais été chez M. le baron de Talleyrand, alors ambassadeur de France, qui eut pour moi mille bontés pendant tout mon séjour. Je retrouvai chez lui madame Silva, Portugaise très aimable, avec laquelle je projetai de faire plusieurs courses intéressantes. Nous allâmes d'abord à l'île de Caprée. Le comte de la Roche-Aymon et le fils aîné de M. de Talleyrand nous accompagnèrent. Ils avaient engagé deux musiciens, l'un pour chanter et l'autre pour jouer de la guitare. Nous nous embarquâmes à minuit par un beau clair de lune; mais la mer était très agitée; ses vagues énormes dont l'écume s'amoncelait autour de nous, menaçaient si furieusement notre chétif bateau, qu'à chaque instant je pensais le voir englouti. J'avoue que je mourais de peur. Il faut dire que je n'avais jamais fait sur mer un aussi long trajet, n'ayant entrepris jusqu'alors que le passage du Mordit dont la traversée est très courte, quand j'étais en Hollande.

Lorsque nous eûmes pris le large, M. de Talleyrand engagea ses musiciens à chanter; mais ces deux pauvres jeunes gens étaient pris du mal de mer à un tel point, qu'il leur était bien impossible de faire de la musique. Ce mal saisit aussi madame Silva et le jeune baron; M. de la Roche-Aymon et moi, nous n'en fûmes que très légèrement atteints.

Enfin, après avoir été ballottés sans relâche par ces terribles vagues, nous débarquâmes à l'île de Caprée, un peu après le lever du soleil. Nous ne trouvâmes là que des pêcheurs qui habitent les creux des rochers sur le bord de la mer. Un d'eux s'offrit pour nous servir de guide, et nous prîmes des ânes; car nous voulions monter jusqu'au sommet de l'île. La route que nous gravissions était bordée à notre gauche par des vergers d'orangers et de citronniers en fleurs, des gazons aromatiques, des bois d'aloës, qui repandaient un parfum délicieux. A notre droite étaient des rochers et des débris d'antiques constructions. Arrivés au sommet, sur la plate-forme appelée Saint-Michel, nous jouîmes de la vue de la pleine mer terminée par le Vésuve, tout en respirant l'air le plus pur. C'est là qu'était placé le palais de Tibère; il n'en reste qu'un seul tronçon de colonne, sur lequel un ermite, qui habite près de ces débris informes, venait de poser son frugal repas du matin; et c'était de cette hauteur immense que Tibère faisait jeter non-seulement des esclaves, mais tous ceux qui lui déplaisaient.

On nous fit voir de loin une jolie maison qu'avait fait bâtir un Anglais malade, et que tous les médecins avaient condamné depuis long-temps à Naples. Ayant suivi le conseil qu'on lui donna d'aller habiter Caprée, il y vécut plus de vingt ans encore sans aucune souffrance.

Après avoir respiré avec délice cet air vivifiant, admiré les sites les plus curieux, nous revînmes à Naples, ravis de notre course, à l'exception pourtant du jeune baron de Talleyrand, qui reçut une forte réprimande de son père pour avoir fait ce voyage par un aussi mauvais temps et dans un aussi léger bateau.

Ce que je désirais par-dessus tout, c'était de monter sur le Vésuve, et nous résolûmes de faire cette partie avec madame Silva et l'abbé Bertrand.

Je vais copier ici la fin d'une lettre que j'écrivis de Naples à mon ami Brongniart l'architecte, parce que l'impression que m'avait faite le terrible phénomène était alors bien plus récente et bien plus vive.

« . . . . Maintenant je vais vous parler de mon spectacle favori, du Vésuve. Pour un peu je me ferais Vésuvienne, tant j'aime ce superbe volcan; je crois qu'il m'aime aussi, car il m'a fêtée et reçue de la manière la plus grandiose. Que deviennent les plus beaux feux d'artifices, sans en excepter la girande du château Saint-Ange, quand on songe au Vésuve?

«La première fois que j'y suis montée, nous fûmes pris, mes compagnons et moi, par un orage affreux, une pluie qui ressemblait au déluge. Nous étions trempés, mais nous n'en cheminions pas moins sur une hauteur pour voir une des grandes laves qui coulaient à nos pieds. Je croyais toucher aux avenues de l'enfer. Un brasier qui me suffoquait serpentait sous mes yeux; il avait trois milles de circonférence. Le mauvais temps nous empêchant d'aller plus loin ce jour-là, outre que la fumée et la pluie de cendre qui nous couvrait rendaient le sommet du mont invisible, nous montons sur nos mulets et descendons dans les laves noires. Deux tonnerres, celui du ciel et celui du mont, se mêlaient; le bruit était infernal, d'autant plus qu'il se répétait dans les cavités des montagnes environnantes. Comme nous étions précisément sous la nuée, je tremblais, et toute notre calvacade tremblait comme moi, que le mouvement de notre marche n'attirât sur nous la foudre. Malgré ma frayeur, je ne pus m'empêcher de rire en regardant un de nos compagnons de voyage, l'abbé Bertrand. Il faut vous dire qu'il est bossu par derrière et par devant: un grand manteau couvrait son âne et lui, et tous deux étaient tellement confondus ensemble, que, la petite humanité de l'abbé disparaissant, je ne voyais plus qu'un chameau.

« J'arrivai chez moi dans un état qui faisait pitié: ma robe n'était que cendre détrempée; j'étais morte de fatigue; je me sèche et me couche fort heureusement.

« Bien loin d'être dégoûtée par ce début,

quelque jours après je retourne à mon cher Vésuve. Cette fois ma petite brunette était de la partie; je voulais qu'elle vît ce grand spectacle. Monsieur de la Chenaye et deux autres personnes en étaient aussi. Il faisait le plus beau temps du monde. Avant la nuit nous étions sur la montagne pour voir les anciennes laves et le coucher du soleil dans la mer. Le volcan était plus furieux que jamais, et comme au jour on ne distingue point de feu, on ne voit sortir du cratère, avec des nuées de cendres et de laves, qu'une énorme fumée blanchâtre, argentée, que le soleil éclaire d'une manière admirable. J'ai peint cet effet, car il est divin.

« Nous montâmes chez l'ermite. Le soleil se couchait, et je vis ses rayons se perdre sous le cap Mysène, Ischia et Procida; quelle vue! Enfin la nuit vint, et la fumée se transforma en flammes, les plus belles que j'aie jamais vues de ma vie. Des gerbes de feu s'élançaient du cratère, et se succédaient rapidement, jetant de tout côté des pierres embrasées qui tombaient avec fracas. En même temps descendait une cascade de feu qui parcourait l'espace de quatre à cinq milles. Une autre bouche du cratère placée plus bas était aussi enflammée ; celle-ci produisait une fumée rouge et dorée, qui complétait le spectacle d'une manière effrayante et sublime. La foudre qui partait du centre de la montagne, faisait retentir tous les environs, au point que la terre tremblait sous nos pas. J'étais bien un peu effrayée ; mais je n'en témoignais rien à cause de ma pauvre petite qui me disait en pleurant : « Maman, faut-il avoir peur ? » D'ailleurs, j'avais tant à admirer que ce besoin l'emportait sur mon effroi. Imaginez que nous planions alors sur une immensité de brasiers, sur des champs entiers que ces laves, dans leur course, mettaient en feu. Je voyais ces terribles laves brûler les arbrisseaux, les arbres, les vignes ; je voyais la flamme s'allumer et s'éteindre, et j'entendais le bruit des broussailles voisines qu'elles consumaient.

« Cette grande scène de destruction a quelque chose de pénible et d'imposant, qui remue fortement l'ame ; je ne pouvais plus parler en revenant à Naples; dans le chemin je ne cessais de retourner la tête pour voir encore ces gerbes et cette rivière de feu. C'est donc à regret que j'ai quitté ce spectacle si grandiose; mais j'en jouis par le souvenir, et tous les jours je me représente encore ses différens effets. J'en ai quatre dessins que je vous porterai à Paris. Deux sont déjà en petite maquette; on en est très content ici.

« Donnez-moi de vos nouvelles, et de celles de nos amis, etc. »

Depuis lors je suis retournée plusieurs fois sur le Vesuve, un jour entre autres avec M. Lethière(1), très habile peintre d'histoire, qui était grand amateur du volcan. Je me souviens que ce jour était celui de la Chandeleur. Nous partîmes vers trois heures, avec deux amis de M. Lethière. Il faisait beau; mais lorsque nous fûmes arrivés sur la montagne, il s'éleva un

---

(1) M. Lethière, qui a été directeur de l'Académie de Rome, il y a peu d'années, était venu alors à Naples pour y copier quelques tableaux, entre autres la Descente de croix de l'Espagnolet qui est à la Chartreuse et qu'il copia admirablement.

brouillard si épais qu'il ressemblait à une énorme fumée. Tout disparut à nos yeux; nos compagnons, quoiqu'ils fussent très près de nous, étaient devenus invisibles; en un mot c'était le néant. Ma petite mourait de peur, et moi aussi. Pour comble de malheur l'humidité était extrême, et nous fûmes obligés de rester en place pendant une heure et demie. Enfin le brouillard se dissipant peu à peu, nous découvrit la mer et tout ce qui l'environne jusqu'aux îles les plus lointaines; cette création fut admirable.

J'avais fait porter notre dîner chez l'ermite, que nous avions invité à le partager. Avant la fin du repas, cet ermite se leva et passa derrière un vieux rideau qui touchait presque la table. Il resta là tout un quart d'heure; quand il revint, je lui demandai pour quel motif il nous avait quittés : — C'est, dit-il, que je viens de faire ma prière auprès de mon compagnon qui est mort cette nuit, et qui est là sous ce rideau. A ces mots, on peut imaginer si je me lève à mon tour et si je sors pour aller respirer le grand air.

Nous remontâmes pour voir le coucher du soleil. Son disque brillant d'où partaient d'immenses rayons, se réfléchissait dans la mer. Nous étions dans l'extase à la vue de ce superbe tableau et de tout ce qui l'encadrait. Nous revînmes à Naples, rapportant nos croquis. M. Lethière avait fait un dessin dans lequel il me représentait descendant la montagne sur mon âne.

Une des plus charmantes parties que j'aie faites à Naples, c'est un petit voyage de cinq jours que le chevalier me fit entreprendre pour viter les îles d'Ischia et de Procida. Nous partîmes à cinq heures du matin. J'étais dans une felouque avec madame Hart, sa mère, le chevalier et quelques musiciens. Il faisait le plus beau temps du monde; la mer était calme au point de ressembler à un grand lac. A peu de distance, on voyait le coteau du mont Pausilipe, que le soleil éclairait d'une façon ravissante. Tout cela m'aurait porté à une douce rêverie, si nos rameurs n'avaient point crié à tue-tête, ce qui vous empêchait de suivre une idée.

A neuf heures et demie nous arrivâmes à Procida, et nous fîmes aussitôt une promenade pendant laquelle je fus frappée de la beauté des femmes que nous rencontrions sur notre chemin. Presque toutes étaient grandes et fortes, et leurs costumes, ainsi que leurs visages, rappelaient les femmes grecques. Je vis peu d'habitations agréables, l'île étant généralement cultivée en vignes et en arbres fruitiers. A midi nous allâmes dîner chez le gouverneur; de la terrasse de son château, on découvre le cap Mysène, l'Achéron, les Champs-Élysées, enfin, tout ce que Virgile décrit; ces divers points de vue sont assez rapprochés pour qu'on puisse en distinguer les détails, et le Vésuve se voit dans le lointain.

Après dîner, nous remontâmes sur la felouque pour aller débarquer à Ischia vers les six heures du soir. Un des plus jolis effets que j'ai vus tout en arrivant, était celui d'une quantité de maisons bâties çà et là sur les monts, et très éclairées, ce qui présentait à l'œil comme un second firmament. J'allai joindre madame Silva, mon aimable Portugaise, pour parcourir avec elle une partie de l'île, qui est charmante; tout son territoire est volcanique, elle a quinze lieues d'étendue, et partout on trouve des traces de foyers éteints. La plupart des montagnes, qui sont en très grand nombre et fort près les unes des autres, sont cultivées. Le mont le plus élevé (Saint-Nicolas) est plus haut que le Vésuve.

Nous trouvions à Ischia une société très aimable, entre autres le général baron Salis; et le lendemain matin à six heures, nous partîmes au nombre de vingt personnes, toutes montées sur des ânes, pour aller dîner au mont Saint-Nicolas. On ne peut se faire une idée des chemins qu'il nous fallut prendre; les sentiers étaient des ravins profonds pleins d'énormes pierres noircies par le feu; et les hauteurs de ces ravins étant cultivées, cette terre fertile, près de cette terre désolée, offrait un contraste étrange. Nous suivîmes entre autres un chemin à pic rempli de laves grosses comme des maisons, qui ressemblait tout-à-fait au chemin de l'enfer, et cette superbe horreur nous conduisit dans un lieu de délices, sous des berceaux de vignes parfaitement cultivées, et près d'une très belle forêt de châtaigniers. Là, j'aperçus une seule petite habitation, que mon guide me dit être celle d'un ermite. L'ermite était absent; je m'assis sur son banc, et je découvris par une percée de la forêt, la mer et les îles Cyrènes, que la vapeur du matin entourait d'un ton bleuâtre. Je croyais faire un rêve enchanteur; je me disais : la poésie est née là! Il fallut m'arracher à ma ravissante contemplation, il nous restait encore à gravir bien autrement.

Nous arrivâmes dans une espèce de désert, bordé de ravins si profonds, que je n'osais y plonger mes yeux, et mon maudit âne s'obstinait à marcher toujours sur le bord. Ne pouvant regarder en bas, je me mets à regarder en haut, et je vois la montagne que nous avions à gravir, toute couverte d'affreux nuages noirs. Il fallait pourtant traverser cela, au risque d'être étouffée cent fois : notez de plus que le chemin était à pic sur la mer, et qu'il ne s'y trouvait pas une seule habitation. Le cœur me bat encore quand j'y pense. Je suivis pourtant, non sans recommander mon ame à Dieu. Nous mîmes une heure et demie, marchant toujours, à traverser ces nuages. L'humidité était si grande, que nos vêtemens étaient trempés; on ne se voyait pas à quatre pieds, en sorte que je finis par perdre ma compagnie. On peut juger de l'effroi que j'éprouvais, quand j'entendis le son d'une petite cloche; je poussai un grand cri de joie, pensant bien que c'était celle de l'ermite chez lequel nous devions dîner. C'était elle, en effet, et l'on vint au devant de moi.

Je trouvai toute ma société réunie dans l'ermitage, qui est situé sur la dernière pointe des rochers du mont Saint-Nicolas. Dans ce moment néanmoins, le brouillard était si épais, qu'il était impossible de rien voir; mais, presque aussitôt, les nuages se divisent, le brouillard se dissipe, et je me trouve sous un ciel pur. Je domine ces nuées qui m'avaient tant effrayée, je les vois descendre dans la mer que le soleil traçait en ligne d'opale et d'autres couleurs d'arc-en-ciel ; quelques nuages argentés embellissaient ce coup d'œil. On ne distinguait les barques qu'à leurs voiles blanches qui brillaient au soleil. Notre vue plongeait sur les villages d'Ischia ; mais cette masse de rochers écrasait tellement de sa supériorité tout ce qui fait l'ambition des hommes, que les châteaux, les maisons, ressemblaient à de petits points blancs ; quant aux individus, ils étaient invisibles : ce que c'est que de nous, mon Dieu !

Nous étions à contempler ce magnifique spectacle, quand le général Salis vint nous avertir que le dîner était servi, nouvelle qui ne nous fut pas indifférente après tant de fatigues et de tribulations. Ce dîner qu'il nous donnait, pouvait se comparer à ceux de Lucullus ; tout était recherché, rien n'y manquait, au point que nous eûmes des glaces pour finir. Il fallait voir l'étonnement des trois bons religieux qui habitaient ce rocher et qui profitaient de cet excellent repas ; ils en gardèrent les restes, ce dont ils paraissaient fort contens.

Après dîner, madame Silva et moi nous fîmes notre sieste en plein air sur des sacs d'orge renversés, où l'odeur des genêts et de mille fleurs nous embaumait. Puis, nous remontâmes sur nos ânes pour parcourir l'autre côté de l'île. Là, nous vîmes des vergers sans nombre, des sites très pittoresques, et ce chemin nous conduisit à notre habitation.

Je voulus aller aussi à Pœstum ; quoique la distance de Naples ne soit que de vingt-cinq lieues, nous étions prévenus que le voyage est très fatigant, mais on ne tient pas au désir d'aller admirer des monumens qui ont trois ou quatre mille ans, quand ils se trouvent aussi près de vous. Des trois temples que l'on y voit, celui de Junon était encore alors bien conservé, au point qu'à l'extérieur il semblait être entier. Ce temple est noble, imposant, comme tout ce qu'ont fait les anciens, près desquels nous ne sommes que des pygmées. Aussi puis-je dire avoir été fort surprise à *Pompeï* que nous visitâmes ainsi qu'*Herculanum*, de la petitesse des maisons et du temple d'Isis. Il faut croire que la partie découverte était autrefois un faubourg.

Je conduisis aussi ma fille à Portici, dans le muséum, beauté tout-à-fait unique dans le monde; mais tant d'écrivans l'ont si bien décrit, que je crois inutile d'en parler ici.

Ces excursions et plusieurs autres ne m'empêchaient pas de travailler beaucoup à Naples. J'avais même entrepris tant de portraits que mon premier séjour dans cette ville a été de six mois, quoique je fusse arrivée dans l'intention d'y passer six semaines. L'ambassadeur de France, M. le baron de Talleyrand, vint m'annoncer un matin que la reine désirait que je fisse les portraits de ses deux filles aînées, ce que je commençai tout de suite. Sa Majesté s'apprêtait à partir pour Vienne où elle allait s'occuper de marier ces princesses. Je me souviens qu'à son retour elle me dit : « J'ai fait un heureux voyage; je viens de conclure deux mariages pour mes filles avec un grand bonheur. » L'aînée en effet épousa peu de temps après l'empereur d'Autriche, François II, et la seconde, qui se nommait Louise, le grand duc de Toscane. Cette dernière était fort laide, et tellement grimacière, que je ne voulais pas finir son portrait. Elle est morte quelques années après son mariage.

Lorsque la reine fut partie, je peignis aussi le prince royal. L'heure de mes séances à la cour était midi, et pour m'y rendre il me fallait suivre le chemin de Chiaja, au moment de la plus grande chaleur. Les maisons qui sont bâties à gauche et qui font face à la mer, étant peintes en blanc *pur*, le soleil y donnait avec une telle force que j'en étais aveuglée. Pour sauver mes yeux j'imaginai de mettre un voile vert, ce que je n'avais vu faire encore à personne, et devait paraître assez singulier, car on n'en portait que de blancs ou de noirs; mais quelques jours après je vis quantité d'Anglaises m'imiter, et les voiles verts furent à la mode (1).

A cette même époque je commençai le por-

(1) Je me suis aussi très bien trouvé de mon voile vert à Pétersbourg, où la neige est si brillante qu'elle m'aurait fait perdre la vue.

trait de Paësiello. Tout en me donnant séance, il composait un morceau de musique, qu'on devait exécuter pour le retour de la reine, et j'étais charmée de cette circonstance qui me faisait saisir les traits du grand musicien au moment de l'inspiration.

J'avais quitté mon cher hôtel de Maroc, parce qu'après avoir admiré tout le jour il faut pourtant bien dormir la nuit, et qu'il m'était impossible d'y fermer l'œil. Les voitures allaient et venaient sans cesse sur le chemin de Chiaja jusqu'à la grotte de Pausilipe, où l'on fait souvent de mauvais soupers dans les cabarets. Ce bruit, que j'entendais toutes les nuits, me fit enfin déserter. J'allai m'établir dans un joli cazin baigné par la mer, dont les vagues venaient se briser sous mes fenêtres. J'étais enchantée ; ce bruit rond et léger me berçait délicieusement ; mais hélas ! huit jours après il survint un orage affreux, une tempête si violente, que les vagues furieuses montaient jusque dans mon appartement. J'en étais inondée, et la crainte d'une récidive me fit quitter ce charmant cazin, à mon grand regret. A la vérité, entre le mur et cette maison, il y avait une place sur laquelle les voitures élégantes, les mêmes voitures qui m'empêchaient de dormir à Chiaja, venaient stationner, pour ce qu'on appelle à Naples *faire heure*. Mais cela m'était peu incommode. Je me rappelle que le jour de mon départ la propriétaire ouvrit une armoire dans laquelle j'avais serré mon linge, et se mit à écrire mon nom sur toutes les planches; comme je lui demandai le motif de ce qu'elle faisait, elle me répondit gracieusement qu'elle était fière d'avoir logé madame Lebrun, et qu'elle voulait que tout le monde le sût.

Après avoir quitté cette maison, j'allai en louer une tout près de la ville, et je m'y installai la veille de Noël. Dès le soir même, comme j'allais me mettre au lit, je suis tout à coup assourdie par des pétards sans nombre; les jeunes garçons qui les tiraient en jetaient dans ma cour, dans mes fenêtres; ce train-là dura trois jours et trois nuits. En outre, j'étais gelée dans cet appartement. Je faisais alors le portrait de

Paësiello, qui soufflait dans ses doigts ainsi que moi; pour nous réchauffer, je fis faire du feu dans mon atelier; mais comme on s'occupe bien plus en Italie d'obtenir de la fraîcheur que de la chaleur, les cheminées sont si mal soignées que la fumée nous étouffait. Les yeux de Paësiello en pleuraient, les miens aussi; et je ne conçois pas comment j'ai pu finir son portrait.

Paësiello, à cette époque, faisait les délices de l'Italie. J'allais fort souvent au grand Opéra, dans la loge de la comtesse Scawronnki. J'assistai à la premier représentation de *Nina*, qui bien certainement est un chef-d'œuvre; mais tel est l'effet de la première impression reçue, que la musique de Paësiello, toute belle qu'elle était, ne me faisait pas autant de plaisir que celle de Dalayrac; il faut dire aussi que madame Dugazon n'était point là pour jouer *Nina*. Le théâtre de Saint-Charles, où se donnait cet opéra et les autres, est, je crois, le plus vaste de l'Europe. Je m'y suis trouvée le jour de la fête de la reine; il était alors magnifiquement éclairé, totalement rempli de monde, et ce coup d'œil me parut superbe. Je me souviens d'avoir ri ce jour-là d'une méprise assez plaisante. J'aperçus près de nous la baronne de Talleyrand, chez laquelle je n'avais pas été depuis quelque temps, et je voulus lui faire ma visite dans sa loge; la comtesse me dit alors : « Elle éprouve un grand chagrin, l'ambassadrice; elle a perdu Rigi. » Pensant qu'il s'agissait d'un ami, je me décide d'autant plus à l'aller trouver; j'y vais. Je suis en effet frappée du changement de son visage, et je lui vois un air si triste que je commence à croire qu'un de ses enfans est mort. Je lui dis donc combien je prenais part à son affliction, et lui demande si c'était l'aîné. A ces mots, malgré son chagrin, elle se mit à rire : c'était son chien qu'elle venait de perdre.

Un de mes grands plaisirs était d'aller me promener sur le beau coteau de Pausilipe, sous lequel est placée la grotte du même nom, qui est un magnifique ouvrage d'un mille de longueur, et qu'on voit bien avoir été fait par les Romains. Cette côte de Pausilippe est couverte de maisons de campagne, de cazins, de prairies et de très beaux arbres, autour desquels des vignes s'entrelacent en guirlandes. C'est là qu'est placé le tombeau de Virgile, sur lequel on prétend qu'il pousse des lauriers; mais je n'en ai point vu. Les soirs j'allais sur les bords de la mer; j'y conduisais souvent ma fille, et nous y restions quelquefois assises ensemble jusqu'au lever de la lune, jouissant de ce bon air et de cette superbe vue, ce qui la reposait de ses études journalières ; car j'avais résolu, tout en courant le monde, de soigner son éducation autant qu'il serait possible, et je lui avais donné à Naples des maîtres d'écriture, de géographie, d'italien, d'anglais et d'allemand. Elle préférait cette dernière langue à toutes les autres, et montrait dans ses diverses études une intelligence remarquable. Elle annonçait aussi quelques dispositions pour la peinture; mais sa récréation favorite était de composer des romans. Je la trouvais, en revenant de passer mes soirées dans le monde, une plume à la main, et une autre sur son bonnet; je l'obligeais alors à se mettre au lit ; mais il n'était pas rare qu'elle se relevât la nuit pour achever un chapitre ; et je me souviens très bien qu'à l'âge de neuf ans elle a écrit à Vienne un petit roman remarquable par les situations autant que par le style.

Me trouvant en Italie, on imagine bien que je n'avais point négligé de lui donner un maître de musique. Je prenais moi-même des leçons de ce maître, qui montrait à merveille, mais qui était bien le plus grand poltron que j'aie rencontré de mes jours. Il nous entretenait sans cesse de ses frayeurs. Comme il ne venait chez moi qu'à sept heures du soir, il retournait chez lui à neuf, heure à laquelle tout le monde étant au spectale, les rues de Naples sont fort désertes, sans excepter la rue de Tolède, qui, dans le jour, est la plus bruyante de toutes. Le pauvre homme me disait un soir : « J'ai eu terriblement peur hier ; j'ai rencontré un homme dans la rue de Tolède ; heureusement j'ai pris l'autre côté, et j'ai pressé le pas. » Deux jours après il revenait : « Dieu ! que j'ai eu peur ! je me suis trouvé avec deux hommes dans la rue de Tolède; je n'ai eu que le temps de passer au milieu et de m'enfuir à toutes jambes. » Enfin une autre fois il me dit : « J'ai eu bien plus peur vraiment, j'étais seul, tout seul, dans la rue de Tolède. »

CHAPITRE VII.

Je retourne à Rome. — La reine de Naples. — Je reviens à Naples. — La fête de la madone de l'Arca. — La fête du pied de la Grotte. — La Solfatara. — Pouzol. — Le cap Mysène. — Portrait de la reine de Naples. — Caractère de cette princesse. — Le Napolitain. — Vol d'un lazzaroni. — Mon retour à Rome.—Mesdames de France, tantes de Louis XVI.

Tous les portraits que j'avais entrepris à Naples étant finis, je retournai à Rome; mais à peine y étais-je arrivée, que la reine de Naples s'y arrêta en revenant de Vienne. Comme je me trouvais sur son passage dans la foule, elle m'aperçut, vint à moi, et me pria avec toute la grâce imaginable de revenir à Naples pour y faire son portrait. Il me fut impossible de refuser, et je ne tardai pas à me remettre en route.

Ce qui me consolait de toutes ces allées et venues, c'est qu'il me restait encore à voir plusieurs choses curieuses dans ce beau pays. Le chevalier Hamilton se plaisait à m'en faire les honneurs. Et dès que je fus de retour, il s'empressa de me conduire à la fête de la madone de l'Arca, qui par son originalité se distingue de toutes les fêtes de village. La place de l'église était couverte de marchands de gâteaux ou d'images de la Vierge et de groupes d'habitans, venus des cantons voisins, dont les divers costumes étaient richement brodés d'or. Tous portaient des thyrses en haut desquels était placée l'image de la madone, ce qui rappelait les fêtes antiques. Toutefois, cette foule, au lieu de nous donner le spectacle d'une bacchanale, entra dévotement dans l'église pour y entendre la messe. Le chevalier Hamilton, madame Hart et moi, nous étions placés près d'une petite chapelle où se voyait un tableau de la Vierge, noir comme de l'encre. De minute en minute, des paysans et des paysannes venaient s'agenouiller devant cette Vierge, et solliciter quelque faveur ou rendre grâce pour celles qu'ils avaient reçues. Ils exprimaient tous leurs vœux d'une voix si haute, que nous entendions les demandes de chacun. Nous vîmes d'abord un homme beau comme une statue grecque, le cou nu, qui remerciait la Vierge d'avoir guéri son enfant. Il avait placé cet enfant sur l'autel en face du tableau; quand il eut fini sa prière, il le reprit et partit heureux. Après lui, vint une femme qui grondait avec fureur la madone de ce que son mari la maltraitait. J'étouffais de rire; mais le chevalier me dit de tout faire pour me contraindre, qu'autrement je serais fort maltraitée moi-même. Il vint ensuite deux jeunes filles, qui se mirent à genoux en demandant des maris. Enfin, les solliciteurs se succédèrent pendant une heure de la manière la plus plaisante. Dès que chacun d'eux avait parlé, on sonnait du milieu de l'église une clochette qui leur annonçait vraisemblablement que la prière était exaucée ; car ils s'en allaient tous l'air content.

Après la messe, toutes ces bonnes gens se réunirent sur la place de l'église pour y danser la tarentelle; c'est là seulement qu'on peut prendre l'idée de cette danse : ce que j'avais vu jusqu'alors n'en était qu'une faible copie. Ils commencent par former de grands ronds au milieu desquels la tarentelle se danse, au bruit du tambour de basque et de longues guitares à trois cordes dont ils tirent des sons vifs et harmonieux. On ne saurait décrire ni l'activité, ni l'expression d'amour, qu'offrent tous leurs mouvemens; aucune danse ne ressemble à cela.

Nous restâmes jusqu'à la fin de la fête, et nous vîmes, en retournant à Naples, les hauteurs couvertes de femmes, dont les unes jouaient du tambour de basque et les autres dansaient le thyrse à la main : c'était un spectacle charmant.

J'assistai aussi à une autre fête beaucoup

plus célèbre que celle dont je viens de parler ; c'est la fête du *Pied de Grotte*. Elle est ainsi nommée d'après la tradition qui raconte qu'un jour un ermite, retiré au fond de cette grotte, eut une vision dans laquelle la Vierge lui apparut et lui ordonna de faire bâtir une chapelle dans cet endroit. Le prêtre en ayant instruit les habitans du canton, la chapelle fut aussitôt bâtie; et tous les ans la famille royale s'y rend en grande cérémonie pour y faire sa prière. Les chevau-légers, le régiment de la reine, celui du roi, enfin toutes les troupes, s'y trouvent rassemblées, ainsi que toute la noblesse en grand gala, et une multitude prodigieuse de gens du peuple. Les cochers qui mènent la famille royale sont coiffés de perruques à trois marteaux, ou à la Louis XIV. Cette fête est tellement en vénération, que les habitans des petits pays dépendans du royaume de Naples, font mettre sur les contrats de mariage que l'on mènera leurs filles une fois à la fête de la Vierge du *Pied de Grotte*.

J'allai voir, avec M. Amaury Duval et M. Sacaut (1), la Solfatare, qui est encore brûlante. C'était au mois de juin, en sorte que le soleil dardait sur notre tête, tandis que nous marchions sur du feu. De ma vie je n'ai autant souffert de la chaleur. Pour comble de malheur, j'avais ma fille avec moi ; je la couvrais de ma robe, mais ce secours était si faible, que je tremblais à chaque instant de la voir tomber sans connaissance. Elle me dit plusieurs fois : « Maman, on peut mourir de chaud, n'est-ce pas? » Alors, Dieu sait si j'étais au désespoir de l'avoir emmenée. Enfin, nous aperçûmes sur la hauteur une espèce de chaumière, dans laquelle il nous fut permis, grâce au ciel, de nous reposer. La chaleur nous avait tellement suffoqués, qu'aucun de nous ne pouvait ni agir, ni parler. Au bout d'un quart d'heure, M. Duval se rappela qu'il avait une orange dans sa poche, ce qui nous fit pousser un cri de joie ; car cette orange était la manne dans le désert.

(1) Tous deux étaient alors secrétaires de légation à Naples. M. Amaury Duval est frère de M. Alexandre Duval, l'auteur dramatique.

Quand nous fûmes tout-à-fait remis, nous descendîmes à Pouzol. C'était un dimanche, les habitans étaient en habits de fête; je me rappelle encore un jeune homme, les cheveux bouclés et tellement poudrés, que son énorme catogan avait blanchi son habit de taffetas bleu de ciel; sa veste était couleur de rose fanée; il portait un gros bouquet à sa boutonnière; enfin, c'était tout-à-fait le beau Léandre de la parade française, et il avait un air si important, si content de lui-même, qu'il me fit beaucoup rire.

Nous traversâmes toute la ville pour aller dîner au bord de la mer, où l'on nous servit d'excellens poissons. L'amphithéâtre de Pouzol, quoiqu'il soit en ruines, est encore fort curieux à voir. Il y reste quelques gradins placés en face de la mer, devant de grands rochers creux, et l'on prétend que c'était dans ces antres que les acteurs anciens jouaient les tragédies avec des masques caractéristiques et des porte-voix. Après le dîner, nous prîmes une barque qui nous conduisit au promontoire de Mysène. Là, nous foulions aux pieds des morceaux brisés des marbres les plus précieux ; car Mysène a été détruite de fond en comble par les Lombards et les Sarrazins : il n'y reste que le grand souvenir de Pline.

Que de lieux de délices ne sont plus maintenant que des lieux de mort ! Bayes ! si renommé chez les Romains qui venaient y prendre les eaux, Bayes n'est plus qu'un amas de ruines informes sur lesquelles plane un air infect ; aussi le rivage de cette mer est-il désert. On voit encore à Bayes les restes de trois temples, celui de Vénus, de Mercure et de Diane, dont les eaux du lac Averne couvrent aujourd'hui les soubassemens. Mais il ne reste pas même de vestiges de ces palais magnifiques, de ces belles terrasses : la mer a tout englouti.

Sitôt que j'avais été de retour à Naples, j'avais commencé le portrait de la reine ; bien loin qu'il m'arrivât le même inconvénient qu'avec Paësiello, il faisait alors si cruellement chaud, qu'un jour qu'elle me donnait séance, nous nous endormîmes toutes deux. Je prenais plaisir à faire ce portrait. La reine de Naples, sans être aussi jolie que sa sœur cadette, la reine de France, me la rappelait beaucoup; son visage était fatigué, mais l'on pouvait encore juger qu'elle avait été belle; ses mains et ses bras surtout étaient la perfection pour la forme et pour le ton de la couleur des chairs. Cette princesse, dont on a dit et écrit tant de mal, était d'un naturel affectueux et très simple dans son intérieur; sa générosité était vraiment royale : le marquis de Bombelles, ambassadeur à Venise en 1790, fut le seul ambassadeur français qui refusa de prêter serment à la Constitution; la reine ayant appris que, par cette conduite noble et courageuse, M. de Bombelles, père d'une famille nombreuse, était réduit à la position la plus cruelle, lui écrivit de sa propre main une lettre de félicitation. Elle ajoutait que tous les souverains devant se regarder comme solidaires en reconnaissance pour les sujets fidèles, elle le priait d'accepter une pension de douze mille francs (1). Outre ce trait, j'en connais plusieurs

(1) Trois des enfans de M. de Bombelles ont aujourd'hui

autres qui font honneur à son cœur : elle aimait
à soulager la misère, elle ne craignait pas de
monter au cinquième étage pour secourir des
malheureux, et j'ai su positivement que ses
bienfaits ont sauvé de la prison, de la mort
peut-être, une mère de famille et quatre enfans dont le père venait de faire banqueroute.
Voilà cette soi-disant mégère contre qui, sous
Bonaparte, on exposait, dans les rues de Paris,
les gravures les plus infames et les plus ob-
scènes. Il fallait bien la calomnier, on voulait
sa couronne. On sait qu'elle fut trahie par ceux
mêmes qu'elle avait toujours honorés de son
amitié et de sa confiance. La femme qu'elle
affectionnait le plus correspondait avec le
conquérant qui parvint enfin, par de viles me-
nées, à détrôner la sœur de Marie-Antoinette,
pour mettre à sa place madame Murat.

dans le monde des positions brillantes. L'aîné, le comte Louis
de Bombelles, est ministre d'Autriche en Suisse; le second,
le comte Charles, est grand-maître de la maison de Marie-
Louise; et le troisième, le comte Henri, est ministre d'Autriche à Turin.

La reine de Naples avait un grand caractère et beaucoup d'esprit. Elle seule portait tout le fardeau du gouvernement. Le roi ne voulait point régner; il restait presque toujours à Caserte, occupé de manufactures, dont les ouvrières, disait-on, lui composaient un sérail.

La reine ayant appris que je m'apprêtais à retourner à Rome, me fit demander, et me dit: « J'ai bien du regret que Naples ne puisse vous retenir.» Alors elle m'offrit son petit cazin au bord de la mer, si je voulais rester; mais je brûlais de revoir encore Rome, et je refusai avec toute la reconnaissance que m'inspirait tant de bonté. Enfin, après qu'elle m'eut fait payer magnifiquement, lorsque j'allai prendre un dernier congé, elle me remit une belle boîte de vieux laque qui renfermait son chiffre entouré de très beaux brillans. Ce chiffre vaut dix mille francs; mais je le garderai toute ma vie.

Tout magnifique que soit le pays que j'allais quitter, il n'aurait pas été dans mon goût d'y passer ma vie. Selon moi, Naples doit être vue comme une lanterne magique ravissante, mais pour y fixer ses jours, il faut s'être fait à l'idée, il faut avoir vaincu l'effroi qu'inspirent les volcans; quand on songe que tout ce qui habite les lieux d'alentour vit dans l'attente ou d'une éruption, ou d'un tremblement de terre, sans parler de la peste, qui pendant les chaleurs existe à deux ou trois lieues de là. En outre, les lacs où l'on met rouir le lin produisent un air infect qui donne aux habitans de ces belles campagnes la fièvre et la mort. Tous ces inconvéniens sont graves, on en conviendra; mais aussi, s'ils n'existaient pas, qui ne voudrait habiter ce délicieux climat?

Le chevalier Hamilton, qui, depuis près de vingt ans, était ambassadeur d'Angleterre à Naples, connaissait parfaitement les mœurs et les usages de la haute société de cette ville. Ce qu'il m'en rapportait, je l'avoue, était peu favorable à la noblesse napolitaine, mais, depuis cette époque, sans doute, tout a beaucoup changé. Il me contait sur les plus grandes dames mille histoires, que je m'abstiens de répéter, comme trop scandaleuses. Selon lui, les Napolitaines étaient d'une ignorance surprenante; elles ne lisaient rien, quoiqu'elles fissent semblant de lire; car un jour étant arrivé chez l'une d'elles, et lui trouvant un livre à la main, il reconnut, en s'approchant, que la dame tenait ce livre sens dessus dessous. Privées de toute espèce d'instruction, plusieurs d'entre elles, selon lui, ne savaient pas qu'il existât un autre pays que Naples, et leur unique occupation était l'amour qui, pour elles, changeait souvent d'objet.

Ce dont j'ai pu juger par moi-même, c'est que les dames napolitaines gesticulent beaucoup en parlant. Elles ne font d'autre exercice que celui de se promener en voiture, jamais à pied. Tous les soirs elles sont au spectacle et reçoivent leurs visites dans leur loge; comme elles n'écoutent que *l'aria*, c'est là que s'établissent les conversations d'une manière beaucoup moins confortable, selon moi, que dans un salon.

Les gens de la basse classe, à Naples, poussent

au dernier degré l'exagération dans leurs cris et dans leurs gestes. J'ai vu un jour passer sous mes fenêtres, à Chiaja, l'enterrement d'un homme du peuple, que suivaient les amis et connaissances du mort; hommes et femmes gémissaient de la façon la plus lamentable. Une femme surtout (c'était la veuve) poussait des cris affreux en se tordant les bras. Un pareil désespoir me faisait peur et pitié; mais on m'assura que ces cheveux épars et ces hurlemens étaient d'usage.

Un enterrement bien plus touchant que j'ai vu à la *Torre del Greco*, c'était celui d'un jeune enfant que l'on portait dans sa bierre, très paré et le visage découvert; on lui jetait des fleurs et des dragées des fenêtres sous lesquelles il passait, et je ne puis dire combien ce spectacle serrait le cœur.

Si l'on veut juger toute l'expression des visages napolitains, il faut aller sur le chemin qui conduit à l'église de Saint-Janvier, le jour que s'opère le miracle de la sainte ampoule. Les habitans de Naples et des environs se rendent en foule sur ce chemin, où les voitures stationnent à droite et les piétons à gauche. Le désir, l'impatience, se peignaient d'une manière si étrange sur tous ces visages, attendu que le miracle tardait un peu, qu'il m'en prenait envie de rire, quand heureusement on vint me dire de rester calme, si je ne voulais pas me faire lapider par la multitude. Enfin le miracle s'opère; il est annoncé; alors on ne voit plus une figure qui ne peigne la joie, le ravissement avec une telle vivacité, une telle véhémence, qu'il est impossible de décrire ce tableau.

La partie de la population napolitaine la plus curieuse à observer, ce sont les lazzaroni. Ces gens ont simplifié la vie, au point de se passer de logement et presque de nourriture; car ils n'ont d'autre habitation que les marches des églises, et leur frugalité égale leur paresse, ce qui n'est pas peu dire. On les trouve étendus à l'ombre des murs ou sur les bords de la mer. A peine sont-ils vêtus, et leurs enfans sont tous nus jusqu'à l'âge de douze ans. J'étais d'abord un peu scandalisée et fort effrayée de les voir jouer ainsi sur le quai de Chiaja, où passent continuellement des voitures; car ce chemin est la promenade accoutumée de tout le monde à Naples, et même celle des princesses.

La misère des lazzaroni ne les porte pas à se faire voleurs; ils sont peut-être trop paresseux pour cela, surtout ayant besoin de si peu de chose pour vivre. La plupart des vols se commettent à Naples par les domestiques de louage, qui sont, en général, de forts mauvais sujets, le rebut de toutes les grandes villes des différentes nations. Je n'ai entendu parler, pendant mon séjour, que d'un seul vol, commis par un lazzaroni, et l'on peut dire qu'il porte un caractère de retenue qui équivaut à l'innocence. Le baron de Salis, un jour qu'il donnait un grand dîner, se rendait à sa cuisine; comme il descendait doucement l'escalier, il s'arrêta à la vue d'un homme qui, se croyant seul, s'approche du pot-au-feu, y prend un morceau de bœuf et l'emporte. Le baron s'était contenté de le suivre des yeux; car toute son argenterie était étalée sur une table; le lazzaroni l'avait très bien vue, et pourtant le pauvre homme bornait son larcin au morceau de bœuf qu'il emportait.

Je fis mes adieux à cette belle mer de Naples, à ce charmant coteau de Pausilipe, à ce terrible Vésuve, et je partis pour revoir une troisième fois ma chère Rome, et pour admirer encore Raphaël dans toute sa gloire. Là j'entrepris de nouveau un grand nombre de portraits, ce qui me satisfaisait médiocrement, à dire vrai. J'avais regretté à Naples, et je regrettais surtout à Rome de ne pas employer mon temps à faire quelques tableaux dont les sujets m'inspiraient. On m'avait nommé membre de toutes les académies de l'Italie, ce qui m'encourageait à mériter des distinctions aussi flatteuse, et je n'allais rien laisser dans ce beau pays qui pût ajouter beaucoup à ma réputation. Ces idées me revenaient souvent en tête; j'ai plus d'une esquisse dans mon portefeuille, qui pourraient en fournir la preuve; mais, tantôt le besoin de gagner de l'argent, puisqu'il ne me restait pas un sou de tout ce que j'avais gagné en France; tantôt la faiblesse de mon caractère, me faisait prendre des engagemens, et je me séchais à la portraiture. Il en résulte qu'après avoir dévoué ma jeunesse au travail, avec une constance, une assiduité, assez rares dans une femme, aimant mon art autant que ma vie, je puis à peine compter quatre ouvrages (portraits compris) dont je sois réellement contente.

Plusieurs des portraits que je fis néanmoins pendant mon dernier séjour à Rome me procurèrent quelques satisfactions, entre autres, celle de revoir Mesdames de France, tantes de Louis XVI, qui, dès qu'elles furent arrivées, me firent venir et me demandèrent de les peindre. Je n'ignorais pas qu'une femme artiste, qui s'est toujours montrée mon ennemie, je ne sais pourquoi, avait essayé, par tous les moyens imaginables, de me noircir dans l'esprit de ces princesses; mais l'extrême bonté avec laquelle elles me traitèrent m'assura bientôt du peu d'effet qu'avaient produit ces viles calomnies. Je commençai par faire le portrait de madame

Adélaïde; je fis ensuite celui de madame Victoire.

Cette princesse, en me donnant sa dernière séance, me dit : « Je reçois une nouvelle qui me comble de joie ; car j'apprends que le roi est parvenu à sortir de France, et je viens de lui écrire, en mettant seulement sur l'adresse : *A Sa Majesté le roi de France*. On saura bien le trouver, » ajouta-t-elle en souriant.

Je rentrai chez moi bien contente, et j'annonçai cette heureuse nouvelle à la gouvernante de ma fille, qui pensait comme moi; mais dans la soirée nous entendîmes chanter mon domestique, homme très morose, qui ne chantait jamais, et que nous connaissions pour être révolutionnaire. Nous nous disons aussitôt : « Il est arrivé quelque malheur au roi ! » ce qui ne nous fut que trop confirmé le lendemain, quand nous apprîmes l'arrestation à Varennes, et le retour à Paris. La plupart de nos domestiques étaient vendus aux jacobins pour nous épier, ce qui peut expliquer comment ils étaient mieux instruits que nous de tout ce qui se passait en France; d'ailleurs beaucoup d'entre eux allaient attendre l'arrivée du courrier, qui leur en disait beaucoup plus que nous n'en apprenions par nos lettres.

CHAPITRE VIII.

Je quitte Rome. — La cascade de Terni. — Le cabinet de Fontana à Florence. — Sienne. — Sa cathédrale. — Parme. — Ma sibylle. — Mantoue. — Jules Romain.

Je quittai Rome le 14 avril 1792. En montant en voiture, je pleurais amèrement. J'enviais le sort de tous ceux qui restaient, et sur la route, je ne pouvais rencontrer des voyageurs sans m'écrier : « Ils sont bien heureux ceux-ci, ils vont à Rome ! »

J'allai coucher le premier jour à *Civita-Castellana*. En sortant de cette ville, le lendemain, nous vîmes de superbes rochers, puis nous entrâmes dans des gorges de montagnes où nous marchions au milieu des précipices; en tout, ce pays me parut le plus triste du monde. Il n'en fut pas de même du chemin qui conduit à Narni; ce chemin est délicieux, des vallons remplis de vignes en berceaux, des haies de genêts et de chèvre-feuilles en fleurs; tout cela réjouissait les yeux. Plus loin, à la vérité, nous retrouvâmes des montagnes de l'aspect le plus austère et le plus sauvage, dont les cyprès et quelques vieux pins font le principal ornement. Ces rochers nous enveloppèrent jusqu'à *Narni;* mais à peine a-t-on traversé cette ville, dont l'aspect est très pittoresque, que l'on jouit du plus magnifique coup d'œil. La scène a complètement changé: la route plonge sur la plus belle et la plus riche vallée, où s'étend à perte de vue une rivière bordée de peupliers; de la hauteur où nous étions, cette rivière semblait un petit ruisseau argenté, tant l'espace à travers lequel elle serpente est immense. Des monts lointains terminent l'horizon; le soleil couchant éclairait leurs cimes, ce qui produisait un effet enchanteur. Nous passâmes devant trois grandes croix noires qui se détachaient sur le fond dont je parle, et dont l'immensité donnait à ces monumens religieux un tel caractère, qu'ils me firent éprouver une sensation indicible. La seule chose que je puisse regretter, après avoir parcouru cette belle route, c'est de n'avoir pas vu le pont d'Auguste, que mon voiturin, très mauvais *cicerone*, négligea de me faire remarquer.

Nous cotoyâmes cette superbe vallée jusqu'à Terni, où nous couchâmes, et le lendemain matin, quoique le temps fût très couvert, je voulus gravir la montagne pour aller voir la fameuse cascade. Je partis avec ma fille, deux ânes, Germain, et deux petits bonshommes qui nous montraient le chemin. Brunette, une baguette à la main, ne cessait de fouetter son âne et le mien, en sorte que, perçant le brouillard du matin, nous ne tardâmes pas à arriver sur le plateau qui mène à la cascade. Là nous nous reposâmes sur un beau gazon enrichi de fleurs et d'arbres divers. Une seule petite maison, un troupeau, un berger, c'est tout ce que nous trouvâmes dans ce lieu charmant, où l'on respire l'air le plus pur en jouissant de la plus belle vue du monde. J'aurais bien désiré avoir là ma chaumière; je m'y plaisais tant! Il n'en fallut pas moins continuer notre chemin pour aller voir la cascade. En traversant une roche coupée, nous approchâmes de ce large torrent dont la chute est si imposante; ensuite nous entrâmes dans un petit pavillon carré pour voir sous un autre aspect cette masse d'eau qui tombe bouillonnante, et dont la vapeur nous environnait. Ensuite nous descendîmes dans la grotte antique où jadis passait la cascade. On ne peut rien voir d'aussi curieux que les différentes pétrifications qui s'y trouvent; elles ressemblent en grand à celles que l'on observe à Tivoli. Je dessinai l'entrée si pittoresque de cette grotte, et je m'emparai de quelques petits morceaux pétrifiés.

Ma curiosité sur la cascade n'étant pas encore satisfaite, et le temps se trouvant favorable, car le soleil commençait à percer les nuages, je descendis au bord de la rivière, formée par cet énorme torrent, pour jouir d'un point de vue dont mon imagination s'était flattée; j'espérais voir en face la chute d'eau, mais je ne la vis qu'en partie. Il est vrai que j'en fus dédommagée par le spectale qu'offre cette grande nappe du bas, et le chemin qui y conduit. A gauche étaient des rochers ornés et nuancés par mille arbustes en fleurs; à droite, sur la rivière courante, de petites îles garnies d'arbres légers, qui forment des bocages charmans. Toutes ces îles sont séparées par des cascades multipliées, dont l'eau ruisselait et brillait comme des diamans au soleil, qui avait alors tout son éclat. Il était midi, et la chaleur était si forte que, lorsqu'il nous fallut remonter les rochers pour aller retrouver nos ânes, que nous avions laissés à trois milles de là, j'étais anéantie de fatigue. Brunette n'en pouvait plus; enfin nous parvînmes à rejoindre nos montures qui nous rapportèrent à Terni pour dîner.

Les campagnes de Terni sont riches et belles,

la ville est bien bâtie; mais, soit dans les églises, soit ailleurs, je n'ai rien trouvé de bien remarquable, sinon les restes des fondations d'un grand temple antique.

Je ne restai qu'un jour à Terni. Le lendemain, nous passâmes la Somma, une des plus hautes montagnes des Apennins. Je me rappelle qu'en la descendant, nous vîmes dans une tour, près du chemin, plusieurs bergères qui chantaient en chœur une musique suave et délicieuse; ces bonnes fortunes ne sont pas rares en Italie.

Le soir j'arrivai à Spolète, et j'allai voir le lendemain l'Adoration des Rois, grande composition de Raphaël : ce tableau, n'étant pas terminé, indique parfaitement la méthode du divin maître : Raphaël peignait d'abord les têtes et les mains; quant à ses draperies, il en essayait d'abord les tons avant de les terminer.

On voit sur la montagne, à Spolète, le temple de la Concorde, dont les beaux fragmens antiques sont arrangés avec symétrie les uns sur les autres. Les colonnes, leurs chapiteaux, sont du plus beau travail grec. On voit aussi dans cette ville un superbe aquéduc d'une hauteur immense.

Après Spolète, nous allâmes à Trévi, à Cétri, puis nous nous arrêtâmes à Foligno. Là, je trouvai encore un tableau de Raphaël, un des plus beaux et des plus originaux qu'il ait faits; il représente la Vierge sur des nuages, tenant l'enfant Jésus dans ses bras. L'enfant est plein de naïveté et semble en relief; la Vierge est d'une noblesse du plus grand style; le saint Jean, le cardinal placé à gauche, sont peints tout-à-fait dans le genre de Vandick, et les autres figures sont aussi d'une grande vérité.

Comme j'arrivais à Perruge, qui est une belle et célèbre ville, où il reste quelques fortifications et quelques tombeaux antiques, on me décida à aller voir le combat d'un taureau contre des chiens. Ce spectacle, qui n'a lieu que tous les cinq ou six ans en mémoire d'une sainte, se donne dans une espèce d'arène, à la manière des anciens; je puis dire qu'il ne me réjouit pas du tout.

En sortant de Perruge, on trouve des campagnes charmantes, que nous traversâmes pour aller dîner en face du lac Trasimène; puis, nous allâmes à *Cise*, où l'on voit sur la montagne une grande forteresse surmontée d'une tour, et plus haut encore, tout-à-fait sur la cime, une abbaye; enfin, à *la Combuccia*, Arezzo, Levane et Pietre-Fonte, pour arriver à Florence.

Ce fut pour moi une grande jouissance, dès que je me retrouvai dans cette ville, d'aller revoir tant de chefs-d'œuvre auxquels je n'avais pu donner qu'un coup d'œil en passant pour aller à Rome. J'entrepris aussitôt une copie du portrait de Raphaël, que je fis *avec amour*, comme disent les Italiens, et qui depuis, n'a jamais quitté mon atelier.

Un souvenir de Florence qui m'a poursuivie bien long-temps, est celui de la visite que je fis alors au célèbre Fontana. Ce grand anatomiste, comme on sait, avait imaginé de représenter jusque dans les moindres détails, l'intérieur du corps humain, dont toutes les parties sont si ingénieuses et si sublimes. Il me fit voir son cabinet, qui était rempli de pièces d'anatomie, faites en cire couleur de chair. Ce que j'observai d'abord avec admiration, ce sont tous les ligamens presque imperceptibles qui entourent notre œil, et une foule d'autres détails particulièrement utiles à notre conservation ou à notre intelligence. Il est bien impossible de considérer la structure du corps de l'homme, sans être persuadé de l'existence d'une divinité. Quoi qu'aient osé dire quelques misérables philosophes, dans le cabinet de M. Fontana il faut croire et se prosterner. Jusqu'ici je n'avais rien vu qui m'eût fait éprouver une sensation pénible; mais, comme je remarquais une femme couchée de grandeur naturelle, qui faisait véritablement illusion, Fontana me dit de m'approcher de cette figure, puis, levant une espèce de couvercle, il offrit à mes regards tous les intestins, tournés comme sont les nôtres. Cette vue me fit une telle impression, que je me sentis près de me trouver mal. Pendant plusieurs jours, il me fut impossible de m'en distraire, au point que je ne pouvais voir une personne sans la dépouiller mentalement de ses habits et de sa peau, ce qui me mettait dans un état nerveux déplorable. Quand je revis M. Fontana, je lui demandai ses conseils pour me déliver de l'importune susceptibilité de mes organes. — J'entends trop, lui dis-je, je vois trop et je sens tout d'une lieue. — Ce que vous regardez comme une faiblesse, me répondit-il, c'est votre force et c'est votre talent; d'ailleurs, si vous voulez diminuer les inconvéniens de cette susceptibilité, ne peignez plus. On croira sans peine que je ne fus pas tentée de suivre son conseil; peindre et vivre n'a jamais été qu'un pour moi, et j'ai bien souvent rendu grâce à la Providence de m'avoir donné cette vue excellente, dont je m'avisais de me plaindre comme une sotte au célèbre anatomiste.

De Florence, je me rendis à Sienne, et je n'ai jamais oublié la charmante soirée que j'ai passée en arrivant dans cette ville, où je ne suis restée que très peu de temps. Mon habitude a toujours été, dès que je descends dans une auberge, et que j'ai commandé mon souper, d'aller faire une petite course à pied, qui me délasse de la voiture. Le soleil allait se coucher quand je partis pour me promener dans les environs de Sienne, et pour reconnaître les lieux. Assez près de mon auberge, j'aperçois une porte ouverte, qui me laisse voir un enclos et un assez grand canal ; je descends la marche de cette porte, et je m'assieds dessus pour respirer la fraîcheur, dont j'avais grand besoin. Là, j'entendis bientôt un concert *nature*, que les nôtres sont bien loin d'égaler. Divers bruits harmonieux me berçaient délicieusement; à gauche, c'était celui de la cascade qui alimentait le canal; puis un léger vent agitait les branches des énormes peupliers plantés sur le bord de l'eau ; et mille oiseaux par leurs chants, faisaient leurs adieux au jour. Une pluie fine se mit à tomber à petit bruit sur les feuilles; mais bien loin qu'elle me fît déloger, elle me sembla si bien d'ensemble avec toute cette douce musique, que, pendant plus de deux heures, j'oubliai mon souper. La fille de l'auberge, après m'avoir cherchée longtemps, finit par me trouver là, et vint m'arracher à mes jouissances. Si les propriétaires de ce bel enclos lisent par hasard ceci, et qu'ils reconnaissent les lieux, je les remercie aujourd'hui du plaisir qu'ils m'ont procuré à leur insu.

Le lendemain je fis quelques courses dans la ville, qui est très belle et très bien située, sur une hauteur. On y voit des palais et des maisons gothiques; entre autres la maison de sainte Catherine et celle de je ne sais quel saint. L'hôtel-de-ville renferme des peintures antiques; les Augustins, une fort belle bibliothèque, et la superbe église bâtie par Vauvitelli, où se trouvent des tableaux de Romanelli, de Carlo Maratte et de Pietre Pérugin; mais ce qu'on peut admirer avant tout, c'est la cathédrale. Cette belle église est gothique, extrêmement vaste, et revêtue de marbre en dedans et en dehors. Sa voûte est couleur d'azur, parsemée d'étoiles d'or; les vitres du haut sont toutes peintes, et le pavé même est remarquable en ce que les sujets de l'Ancien-Testament y sont tracés. Elle est ornée par douze statues en marbre, représentant les douze apôtres, par de belles fresques, par des tableaux du Calabrèse, du Pérugin, etc., et plusieurs des chapelles ont été décorées par le Bernin.

Dès que je fus revenue à Parme, où je n'avais passé que très peu de jours, en allant à Rome, on m'y reçut de l'Académie, à qui je donnai une petite tête que je venais de faire d'après ma fille. Dans la même semaine j'éprouvai aussi dans cette ville une satisfaction non moins vive. J'emportais avec moi le tableau de la Sibylle que j'avais fait à Naples, d'après lady Hamilton; mon projet était de le rapporter en France, où je comptais alors rentrer bientôt. Comme ce tableau était encore fraîchement peint, en arrivant à Parme, pour qu'il ne jaunisse pas, je le mis au jour sous châssis, attaché seulement dans l'une de mes chambres. Un matin, j'étais à faire ma toilette quand on m'annonça que sept à huit élèves peintres venaient me faire une visite. On les fit entrer dans la chambre où se trouvait placée ma Sibylle, et quelques minutes après j'allai les y recevoir. Après m'avoir parlé de tout le désir qu'ils avaient eu de me connaître, ils me dirent qu'ils seraient heureux de voir quelques-uns de mes ouvrages. — Voici un tableau que je viens de finir, répondis-je en montrant la Sibylle. Tous témoignèrent d'abord une suprise bien plus flatteuse que n'auraient pu l'être des paroles; plusieurs s'écrièrent qu'ils avaient cru ce tableau fait par un des maîtres de leur école, et l'un d'eux se jeta à mes pieds, les larmes aux yeux. Je fus d'autant plus touchée, d'autant plus contente de cette épreuve, que ma Sibylle a toujours été un de mes ouvrages de prédilection. Les lecteurs, en lisant ce récit, m'accusent peut-être de vanité : je les supplie de réfléchir qu'un artiste travaille toute sa vie pour avoir deux ou trois momens pareils à celui dont je parle.

Je restai quelques jours à Parme pour revoir les églises, la bibliothèque, le théâtre, qui est bâti par Vignola, et rappelle tout-à-fait l'antique; c'est grand dommage qu'il n'ait pas été plus soigné; quoiqu'il soit immense, il ne s'y perd pas un son. Je vis là des danseurs qu'on devrait appeler des *tourneurs;* car ils ne faisaient pas un seul pas, et ne cessèrent de tourner comme des tontons.

* Je visitai aussi tous les palais qu'on me dit renfermer des objets d'arts; dans l'un d'eux, je ne sais lequel, je vis des plafonds d'Allegrini admirables. Je ne pouvais contempler tant de belles collections particulières, sans regretter que ce beau luxe, ce luxe de si bon goût, n'existât point en France. On peut à peine compter à Paris trois ou quatre cabinets d'amateurs, et combien encore diffèrent-ils de ceux des seigneurs italiens!

Je quittai Parme le 1er juillet 1792; la nature alors était dans toute sa beauté, et ma sortie de la ville m'offrit le coup d'œil de la plus belle campagne qu'on puisse voir. Sans doute le beau ciel de l'Italie aide à la magie du spectacle; néanmoins, ces prairies à perte de vue, parsemées d'arbres, autour desquels la vigne grimpe en s'entrelaçant ; ces mille ruisseaux serpentant dans de riches vallons que terminent de hautes montagnes ou des collines boisées ; ce grand chemin bordé de chênes, qui souvent sont baignés par des canaux dont mille fleurs champêtres ornent les bords ; tout cela ravirait sous quelque ciel que ce fût.

Je voulus aller à Mantoue, qui méritait bien une visite, et comme patrie de Virgile, et comme aînée du Capitole, car on prétend qu'elle a été bâtie par les Étrusques ou Toscans, trois cents ans avant la fondation de Rome. Cette ville, située au milieu d'un lac formé par le Mincio, est grande et belle. Sa magnifique cathédrale est de Jules Romain, qui, comme on sait, était à la fois peintre, architecte et sculpteur. Jules Romain et le Primatice ont enrichi Mantoue de chefs-d'œuvre en tout genre. Toutes les salles du palais ducal sont ornées par ces deux grands peintres et par Gonzalès. Ce palais est immense et l'un des plus riches que l'on puisse voir sous le rapport des arts.

On vous fait voir à Mantoue la maison de Jules Romain; elle est située en face du palais Gonzalès, qui est construit aussi sur les dessins de ce célèbre maître. Il y a à Mantoue une Académie des beaux-arts et un musée de statues. L'église Saint-André renferme plusieurs beaux monumens, et la bibliothèque de nombreux manuscrits. Le palais du T. est aussi très remarquable par les peintures à fresque de Jules Romain et du Primatice. Ces fresques représentent des sujets héroïques et l'histoire de Psyché.

Jules Romain est mort à Mantoue en 1546; mais son nom vit encore avec toute sa gloire dans cette ville, où il a laissé un plus grand nombre de chefs-d'œuvre que partout ailleurs.

CHAPITRE IX.

Venise. — M. Denon. — Le mariage du doge avec la mer. — Madame Marini. — Les palais. — Le Tintoret. — Paccherotti. — Improvisateur. — Le cimetière. — Vicence. — Padoue. — Vérone. — Les conversazione.

Je brûlais du désir de voir Venise, où j'arrivai la veille de l'Ascension. Quoi qu'il m'eût été dit jusque alors sur l'aspect extraordinaire de cette ville, mes yeux seuls m'en donnèrent la juste idée, et j'avoue qu'il me surprit autant qu'il me charma. A la première vue on croit n'apercevoir qu'une ville submergée; mais bientôt ces superbes palais, bâtis dans le style gothique, dont ces beaux canaux baignent les murs, offrent l'effet le plus grandiose et le plus ravissant par son originalité. J'admirai beaucoup le pont du *Rialto* qui est d'une seule arche de quatre-vingt-neuf pieds de longueur, et je me souviens qu'en passant dessus, je vis un pauvre homme, bien vieux, raclant sur un mauvais violon, et faisant chanter un petit garçon de cinq ou six ans qui sanglotait. Peut-être ce pauvre enfant mourait-il de faim ; aussi je m'empressai de lui donner une petite somme ; car sous ce beau ciel et dans cette belle ville, je voulais que tout le monde chantât gaiement. De même, je fus quelque temps sans m'accoutumer à cette quantité de barques noires qui remplacent les voitures, et dans lesquelles on s'embarque et l'on débarque continuellement à la porte de toutes les maisons. J'aurais voulu que leur couleur fût moins triste; mais les ambassadeurs seuls ont des barques de toutes les couleurs.

M. Denon, que j'avais connu à Paris, ayant

appris mon arrivée, vint me voir aussitôt. Son esprit et ses connaissances dans les arts faisaient de lui le plus aimable *cicérone*, et je me réjouis beaucoup de cette rencontre. Dès le lendemain, jour de l'Ascension, il me conduisit sur le canal où se faisait le mariage du doge avec la mer. Le doge et tous les membres du sénat étaient sur un bâtiment doré en dedans et en dehors, appelé *le Bucentaure*; mille barques dont plusieurs portaient des musiciens, l'entouraient. Le doge et les sénateurs étaient vêtus de noir et coiffés de perruques blanches à trois marteaux. Lorsque *le Bucentaure* fut arrivé au lieu fixé pour la célébration du mariage, le doge tira de son doigt un anneau qu'il jeta dans la mer, et dans le même instant, mille coups de canon instruisirent la ville et ses environs de cet hymen solennel, qui se termine par une messe.

Une foule d'étrangers assistaient à cette cérémonie. Je trouvai là, entre autres, le prince Auguste d'Angleterre, ainsi que la charmante princesse Joseph Monaco, qui s'apprêtait alors à retourner en France pour retrouver ses enfans, et que j'ai revue à Venise pour la dernière fois.

Le soir de la fête, nous allâmes voir la lutte des gondoliers. On ne saurait se faire une idée de l'adresse et de l'activité de cette espèce d'hommes; c'est un spectacle fort amusant. Plus tard, la place Saint-Marc fut illuminée ainsi que la foire qui l'entoure. L'illumination et la foire ont lieu pendant quinze jours.

Le lendemain, M. Denon me présenta à son amie, madame Marini, qui depuis a épousé le comte Albridgi. Elle était aimable et spirituelle. Le soir même, elle me proposa de me mener au café, ce qui me surprit un peu, ne connaissant pas l'usage du pays; mais je le fus bien davantage quand elle me dit : « Est-ce que vous n'avez point d'ami qui vous accompagne ? » Je répondis que j'étais venue seule avec ma fille et sa gouvernante. « Eh bien, reprit-elle, il faut au moins que vous ayez l'air d'avoir quelqu'un; je vais vous céder M. Denon, qui vous donnera le bras, et moi je prendrai le bras d'une autre personne; on me croira brouillée avec lui, et ce sera pour tout le temps que vous séjournerez ici; car vous ne pouvez pas aller sans un ami. »

Tout étrange qu'était cet arrangement, il me convint beaucoup, puisqu'il me donnait pour guide un de nos Français les plus aimables, non sous le rapport de la figure, il est vrai, car M. Denon, même très jeune, a toujours été fort laid, ce qui, dit-on, ne l'a pas empêché de plaire à une grand nombre de jolies femmes. Quoi qu'il en soit, *mon ami* me conduisit d'abord au palais pour y voir les chefs-d'œuvre que Venise possède, et qui sont en grand nombre. Dans la plus grande salle des bâtimens de la confrérie, on s'arrête avec délice devant les belles pages à fresques peintes par le Tintoret. Le Crucifiement surtout est admirable, et ce n'est qu'à Venise qu'on peut apprécier ce grand peintre, qui réunit dans ses belles compositions le dessin, la couleur et l'expression. Il faut aussi remarquer, dans la première salle, la Fuite en Égypte: le paysage en est superbe.

Nous visitâmes ensuite les églises, qui sont remplies des plus beaux ouvrages du Tintoret, de Paul Véronèse, des Bassan et du Titien. C'est dans l'église de Saint-Jean et Saint-Paul, qu'on voit le martyre de saint Pierre, composé de trois figures et de deux anges; toutes ces figures sont pleines d'expression, et le paysage est ravissant. L'église Saint-Marc, dont le lion est le symbole, est du style gothique. Les arcs de la façade sont soutenus par une quantité de colonnes en marbre et en porphyre; les chevaux dorés, si fameux, ajoutent à ces ornemens; mais ces chevaux, quoique antiques, sont bien loin d'être parfaits (1). Quant à l'intérieur de l'église, il est impossible de détailler toutes les richesses qu'il renferme en tout genre; ces voûtes d'or, ces parois de jaspes, de porphyre, d'albâtre, de vert antique, ces tableaux, ces bas-reliefs, font de Saint-Marc un véritable trésor.

M. Denon me mena aussi chez un ancien

---

(1) On les a vus à Paris.

sénateur; nous vîmes là une belle Danaé du
Corrége, sujet que ce peintre a répété plusieurs
fois, et douze portraits au pastel de la Rosalba,
qui sont admirables pour la couleur et la vérité. Ces portraits étant ceux de la famille du
sénateur, n'ont jamais été déplacés, et ils sont
conservés à tel point, qu'ils ont encore toute
leur fraîcheur. Un seul suffirait pour rendre
un peintre célèbre.

La société que je fréquentais le plus à Venise était celle de l'ambassadrice d'Espagne,
qui avait mille bontés pour moi. Elle me mena
au spectacle pour le début d'une belle actrice
âgée de quinze ans au plus, que son chant et
surtout son expression, rendaient étonnante.
J'assistai aussi au dernier concert que donnait
Paccherotti, ce célèbre chanteur, modèle de la
grande et belle méthode italienne. Il avait encore tout son talent; mais depuis le jour dont
je parle, il n'a jamais chanté en public. Je puis
dire néanmoins qu'aucune musique n'égalait
celle que j'ai entendue de même à Venise dans
une église. Elle était exécutée par des jeunes

filles, et ces chants si simples, si harmonieux, chantés par des voix si belles et si fraîches, semblaient vraiment célestes; les jeunes filles étaient placées dans des tribunes élevées et grillées; on ne pouvait les voir, en sorte que cette musique venait du ciel, chantée par des anges.

Après le concert de Paccherotti, on nous prévint qu'il y avait, dans une salle près du théâtre, un improvisateur fameux. Je n'en avais jamais entendu, et cet homme me fit l'effet d'un énergumène; il courait de long en large, criant ses improvisations d'une telle force, qu'il en suait à grosse goutte; il débitait si vite outre cela, que ma fille, qui parlait fort bien l'italien, n'entendait pas un mot. Il nous faisait peur, tant il avait l'air furieux; quant à moi, je le crus fou, et tout son talent me parut se réduire à une pantomime effrayante.

M. Denon, ayant vu ma Sibylle, me pria instamment de la lui laisser exposer chez lui, afin de la montrer à ses connaissances. Il s'ensuivit que beaucoup d'étrangers allèrent voir ce tableau, qui eut du succès à Venise, à ma vive satisfaction. M. Denon m'avait aussi priée de faire le portrait de son amie, madame Marini, et je pris grand plaisir à peindre cette jolie femme, attendu qu'elle avait infiniment de physionomie.

Avant de quitter Venise, je voulus voir le fameux cimetière qui est situé aux environs de la ville. Un ami de M. Denon m'offrit de m'y conduire, et nous convînmes de faire cette course au clair de lune. Le soir même nous prîmes une barque qui nous conduisit en face du cimetière des Anglais. Celui-ci est fort simple; les tombes sont de pierre ou de marbre blanc, toutes debout. La lune, entourée de nuages, cessait parfois de donner sa lumière, et ces tombes alors paraissaient se mouvoir.

Notre but principal était d'entrer dans l'enceinte des tombeaux vénitiens, dont la plupart datent de la fondation de Venise; mais, hélas! la porte était fermée. Nous fîmes une partie du tour de l'enceinte, et nous eûmes le bonheur de trouver un pan de mur abattu. Nous profitâmes aussitôt des pierres tombées pour en former un escalier qui nous facilita l'entrée de ce vaste séjour des morts. L'aspect de ce lieu vénérable nous imposa le plus profond silence. Nous marchâmes en tous sens à travers ces tombes colossales dont nous ne pouvions apprécier les détails à la pâle clarté de la lune, et quand nous eûmes vu tout ce qu'il nous était possible de voir, nous pensâmes à retourner à Venise; mais il fallait pour cela retrouver notre brèche. Pendant près d'une heure nous la cherchâmes inutilement. Aucune habitation n'est voisine du cimetière; nous entendions seulement la cloche d'une église assez lointaine, dont le son était fort mélancolique. Nous ne trouvions pourtant pas très gai de rester là toute la nuit. Enfin j'aperçus la brèche, et nous sortîmes, charmés d'aller retrouver des vivans. Nous ne rencontrâmes que deux soldats en faction, qui nous laissèrent passer sans crier *qui vive!* Ils nous prirent sans doute pour deux amans, ce qui est toujours fort respecté en Italie. Nous nous hâtâmes de rejoindre notre barque, et nous ne rentrâmes dans la ville qu'à trois heures du matin.

J'ai conservé de Venise un souvenir agréable, quoique depuis j'y aie perdu trente-cinq mille francs; voici comment : j'avais placé sur sa banque mes économies de Rome et de Naples, que ma négligence m'empêcha de retirer à temps. M. Sacaut, que j'avais connu à Naples secrétaire d'ambassade auprès du baron de Talleyrand, et qui sous la république a été ministre de France à Florence, avait la bonté de s'occuper de mes affaires, afin que je pusse me livrer entièrement à ma peinture; comme il prévoyait mieux que moi ce qui devait bientôt se passer en Europe, il ne cessait de me conseiller d'écrire à Venise pour retirer mes fonds. « Bah! lui disais-je, des républicains n'attaqueront pas une république. » Il vint un matin, entre autres, comme il se trouvait sur ma table plusieurs lettres que je venais d'écrire pour Paris. « J'espère bien, dit-il, que vous avez là une lettre pour Venise? — Non. — A qui donc écrivez-vous tout cela? — A mes amis. — Est-ce qu'il y a des amis? répondit-il en hochant la tête.» On voit que le bon monsieur Sacaut n'était pas sentimental; mais il était mon maître en prudence et en politique; car lorsque l'armée française, commandée par le général Bonaparte, s'empara de Venise, les chevaux dorés, les tableaux, les trésors furent emportés ainsi que la banque. J'appris que Bonaparte avait dit à M. Haler, le banquier, qu'il voulait que l'on conservât mes fonds, et que l'on m'en payât la rente; mais, ainsi qu'il arrive souvent en pareil cas, Bonaparte éloigné, les assertions réitérées de M. Haler ne purent faire respecter l'ordre du général; mon argent fut transporté à Milan, et je n'ai jamais touché qu'un revenu de deux cent cinquante francs pour un fonds de quarante mille. Venise n'en est pas moins une ville bien curieuse à voir, et que je suis charmée d'avoir vue.

Je m'arrêtai à Vicence, qui date sa fondation de 380 ans avant J.-C. Ses beaux palais, parmi lesquels on remarque celui des comtes Chieracati, ont pour la plupart été bâtis par le Palladio, et sont d'une élégance remarquable. La rotonde du marquis de Capra mérite aussi d'être citée. Elle est située sur une éminence, et Palladio en a fait un temple, aux quatre côtés duquel se trouvent quatre péristyles, ayant chacun six colonnes qui soutiennent un fronton. Au milieu est une salle ronde, entourée d'une galerie qui joint ces péristyles, dont les quatre points de vue sont admirablement diversifiés.

A la Madone del Monte, on plane sur de belles campagnes, enrichies des plus beaux arbres. Dans l'intérieur de cette église, on voit un magnifique tableau de Paul Véronèse; il est d'une si belle couleur, et peint avec une telle vérité, que les figures se détachent du fond. A Sainte-Corone, le Baptême de Jésus, par Jean Bellin, est parfait pour le dessin.

Le théâtre de Vicence est du style antique. C'est le chef-d'œuvre du Palladio, qui l'a construit d'après les proportions et sur les dessins de Vitruve.

La traversée de la Brenta offre l'aspect le plus

agréable. D'un côté, ses bords sont ornés d'une multitude de palais du style de Palladio, qui font l'effet de temples, et dont les formes grandioses se répétent dans les eaux.

Je suis allée dîner dans l'un de ces palais, chez le marquis ***; l'escalier même était d'un style qui me charma. Le propriétaire de cette belle habitation me fit une galanterie à laquelle j'étais loin de m'attendre; il me reçut dans une galerie où se trouvait posé, sur une table, une très grande quantité de gravures; une seule était placée sens dessus dessous sur toutes les autres; la curiosité me porta bien vite à la retourner, et je vis mon portrait que l'on venait de graver d'après celui que j'avais donné à Florence.

On voit encore à Vicence la maison du Palladio, qui est un modèle d'élégance et de simplicité.

Padoue est aussi situé sur les bords de la Brenta. Cette ville est bien ancienne, s'il faut en croire les habitans qui prétendent qu'elle a été bâtie par Antenor le Troyen. Le palais de justice ou l'hôtel-de-ville, est une des plus belles fabriques de l'Europe. Le salon a cent pas de long sur quarante de large ; il est couvert de plomb, sans autre soutien que la muraille ; on y voit les douze signes du zodiaque, et dans une niche, une Vierge qui a beaucoup de simplicité et de naturel.

On trouve aux Augustins des fresques de Montigni, dont les figures et tous les accessoires sont de la plus grande finesse. L'église Saint-Antoine, qui est de style gothique, renferme un nombre infini de tombeaux, de bas-reliefs, et tant de marbre travaillé qu'elle en est fatigante ; mais les fresques de Gioto, qu'on y voit, sont très bien composées ; l'attitude simple et l'expression des figures se rapprochent du style des anciens. La couleur est souvent celle du Titien, sans pourtant en avoir la perfection. En sortant du cloître, on remarque plusieurs tombeaux très anciens, dont les figures sont pleines de simplicité, et la statue équestre d'Erasme de Narni, général vénitien.

Dans l'église de Saint-Jean-Baptiste, on admire les Évangélistes dans le désert, un des plus beaux tableaux du Guide; à la cathédrale, dans la sacristie, une Vierge du Titien, bien conservée; à Saint-Jean, plusieurs fresques du Titien, représentant divers miracles. Les têtes, pleines d'expression, sont d'une belle couleur, et la touche, le ton du paysage et du ciel, sont admirables. Une autre fresque gothique est aussi très remarquable par la vérité des têtes et l'attitude des personnages.

Je passai toute une semaine à Vérone; c'est une grande ville, dont les rues sont spacieuses et bien alignées, et les maisons fort belles. J'allai voir d'abord les restes de l'amphithéâtre, qui a été bâti sous le règne d'Adrien, et que les Gaulois ont détruit; puis le dôme de l'église, qui est fort belle, et dans laquelle se trouve un tombeau antique, dont les ornemens sont du plus fin travail. Comme, en Italie, les églises sont ouvertes toute la journée, je fis ma tournée. J'entrai dans celle de Saint-Georges, où le maître-autel est décoré d'un beau tableau de Paul Veronèse, et d'un autre tableau de ce peintre,

à droite en entrant. J'y vis aussi une Vierge et
deux évêques de Chieralino, ainsi qu'un groupe
d'anges; mais ce que je remarquai surtout du
même maître, est un tableau de trois figures
qui représente un concert; outre qu'il est peint
avec le plus grand soin, les figures sont pleines
de grâce et de naïveté.

L'église de Sainte-Amastrasie est tout-à-fait
de style gothique, avec des colonnes d'une belle
proportion, qui produisent un grand effet; toutefois, je lui préfère celle de Saint-Zemon.
Celle-ci est très vaste, et le jour, qui l'éclaire
seulement par en haut, lui donne un aspect
mystérieux et mélancolique. Je me trouvais
seule dans ce temple silencieux, et je me plaisais à me livrer aux idées religieuses et douces
qui s'emparaient de mon ame.

Tous les soirs, pendant mon séjour à Vérone,
j'allais à la *Conversazione* (on sait que c'est
ainsi qu'on appelle les assemblées en Italie):
là, nous étions réunis en assez grand nombre
dans une galerie, les femmes assises de chaque
côté, et les hommes se promenant au milieu.

La vivacité, la gesticulation italienne, rendent ces réunions assez piquantes à observer; en outre, j'y rencontrais la comtesse Marioni, sa sœur, et la marquise de Strozi, qui toutes trois étaient fort spirituelles.

Pendant les huit jours que j'ai passés à Vérone, j'ai délogé deux fois. Je m'étais d'abord installée dans un petit appartement, après avoir demandé si l'on n'y entendait point de bruit. « Aucun, » avait répondu l'hôtesse. Voilà que le lendemain matin, à six heures, j'entends sur ma tête un bacchanal épouvantable : on sautait, on jouait du violon; je demande ce que ce peut être? — Madame, me dit mon hôtesse, ce n'est rien de fâcheux. Le maître de danse de la ville loge ici dessus, et tous les jours les jeunes gens viennent prendre leur leçon pendant deux heures, voilà tout. Je trouvai que c'était assez pour me décider à chercher ailleurs.

CHAPITRE X.

Turin. — La reine de Sardaigne. — Madame, femme de Louis XVIII. — Je m'établis dans la ferme de Porporati.— Affreuses nouvelles de la France. — Les émigrés. — M. de Rivière vient me rejoindre. — Je vais à Milan.—La Cène de Léonard de Vinci. — La Madone del Monte. — Le lac Majeur. —Je pars pour Vienne. — M. et madame Bistri.

Mon désir étant de rentrer en France, je gagnai Turin dans cette intention. Mesdames de France, tantes de Louis XVI, quand je les avais peintes à Rome, sachant que je devais repasser par Turin, avaient eu la bonté de me donner des lettres pour madame Clothilde, leur nièce, reine de Sardaigne. Elles lui mandaient qu'elles désiraient beaucoup avoir son portrait fait par moi; en conséquence, dès que je fus établie, je me présentai chez Sa Majesté. Elle me reçut fort bien, mais quand elle eut pris lecture des lettres de madame Adélaïde et de madame Victoire, elle me dit qu'elle était bien fâchée de refuser ses tantes; mais, qu'ayant renoncé entièrement au monde, elle ne se ferait pas peindre. Ce que je voyais d'elle, en effet, me semblait parfaitement d'accord avec ses paroles et sa résolution; cette princesse s'était fait couper les cheveux; elle avait sur sa tête un petit bonnet qui, de même que toute sa toilette, était le plus simple du monde. Sa maigreur me frappa d'autant plus que je l'avais vue très jeune, avant son mariage, et qu'alors son embonpoint était si prodigieux, qu'on l'appelait en France *le gros Madame*. Soit qu'une dévotion trop austère, soit que la douleur que lui faisaient éprouver les malheurs de sa famille, eût causé ce changement, le fait est qu'elle n'était plus reconnaissable. Le roi vint la rejoindre dans le salon où elle me recevait ; ce prince était de même si pâle, si maigre, que tous deux faisaient peine à voir.

J'allai aussitôt chez Madame, femme de Louis XVIII. Non seulement elle me reçut à merveille, mais elle arrangea pour moi des courses pittoresque dans les environs de Turin, qu'elle me fit faire avec sa dame de compagnie, madame de Gourbillon et le fils de cette dame. Ces environs sont très beaux ; mais notre début en fait d'excursion ne fut pas très heureux. Nous nous mîmes en route par une chaleur extrême pour aller voir une chartreuse, qui est située sur de hautes montagnes. Comme à moitié chemin cette montagne est très rapide, nous fûmes obligés de la gravir à pied, et je me souviens que nous passâmes devant une fontaine, de l'eau la plus limpide, dont les gouttes brillaient comme des diamans, que les paysans nous dirent avoir une grande vertu pour plusieurs maladies.

Après avoir grimpé si long-temps que nous en étions exténués, nous arrivâmes enfin à la chartreuse, mourant de chaud et de faim. Le couvert était déjà mis pour les religieux et pour les voyageurs, ce qui nous fit une grande joie; car on peut juger que nous attendions le dîner avec impatience. Comme il tardait à venir, nous pensions que l'on faisait de l'extraordinaire pour nous, attendu que madame nous recommandait aux religieux dans les lettres qu'elle nous avait données pour eux. Enfin on servit d'abord un plat de grenouilles au blanc, que je pris pour une fricassée de poulet; mais dès que j'en eus goûté, il me fût impossible d'en manger, quelque faim que j'eusse. Puis on apporta trois autres plats, frits et grillés, sur lesquels je comptais beaucoup; hélas! ce n'était encore que des grenouilles, si bien que nous ne mangeâmes que du pain sec, et ne bûmes que de l'eau, ces religieux ne buvant et ne donnant jamais de vin. Mon plus grand désir alors aurait été d'obtenir une omelette; mais il n'y avait point d'œufs dans la maison.

Au retour de ma visite à cette chartreuse, je vis Porporati, qui voulut encore que j'al-

lasse loger chez lui. Il me proposa d'habiter la
ferme qu'il possédait à deux lieues de Turin, où
il avait quelques chambres très simples, mais
commodes. J'acceptai cette offre avec joie, dé-
testant habiter la ville, et j'allai aussitôt m'établir avec ma fille et sa gouvernante dans ce
réduit, qui me charma. La ferme était située en
pleine campagne, entourée de prairies et de
petites rivières bordées d'arbres divers assez
élevés, qui formaient de charmans bocages.
Du matin au soir j'allais me promener avec
délice dans des lieux enchanteurs et solitaires;
mon enfant jouissait comme moi de cet air pur,
de cette vie douce et tranquille que nous me-
nions; pour comble de bonheur, je n'entendais
d'autre bruit que celui d'un torrent qui était
à une demi-lieue de là, et que j'allai voir.
C'était une énorme chute d'eau qui tombait de
roche en roche, et qu'entourait un bois de
haute futaie. Nous allions le dimanche à la
messe par un chemin charmant; la petite
église avait un porche très joli, et là nous
étions comme en plein air : entouré de cette

belle nature, il semble que l'on prie mieux. Le soir, mon spectacle favori était celui du soleil couchant, environné de ses beaux nuages dorés et couleur de feu, espèce de nuages que l'on ne voit qu'en Italie. Ce moment était celui de mes méditations, de mes châteaux en Espagne; je m'abandonnais alors à la douce pensée de revoir bientôt la France, me berçant de l'espoir que la révolution devait enfin se terminer. Hélas! ce fut dans cette situation si paisible, dans cet état d'esprit si heureux, que le coup le plus cruel vint me frapper. La charrette qui apportait les lettres étant arrivée un soir, le voiturier m'en remit une de mon ami M. de Rivière(1), qui m'apprenait les affreux évènemens du 10 août, et me donnait des détails épouvantables. J'en fus bouleversée; ce beau ciel, cette belle campagne, se couvrirent à mes yeux d'un voile funèbre. Je me reprochai l'extrême quiétude, les douces jouissances que je venais de goûter; dans l'angoisse que j'éprouvais d'ail-

---

(1) Frère de ma belle-sœur.

leurs, la solitude me devenait insupportable, et je pris le parti de retourner aussitôt à Turin.

En entrant dans la ville, que vois-je, mon Dieu? les rues, les places encombrées d'hommes, de femmes de tout âge, qui se sauvaient des villes de France, et venaient à Turin chercher un asile. Ils arrivaient par milliers, et ce spectacle était déchirant. La plupart d'entre eux n'emportaient ni paquets, ni argent, ni même de pain; car le temps leur avait manqué pour songer à autre chose qu'à sauver leur vie. On m'a cité depuis la duchesse de Villeroi, alors très âgée, que sa femme de chambre, qui possédait une petite somme, venait de nourrir dans la route à raison de dix sous par jour. Les enfans criaient la faim à faire pitié; plusieurs femmes grosses, qui n'étaient jamais montées en charrette, n'ayaient pu supporter les cahots et accouchaient avant terme. Enfin on ne saurait rien voir de plus déplorable. Le roi de Sardaigne envoya des ordres pour qu'on logeât ces infortunés et qu'on leur donnât à manger; mais il n'y avait point de place pour tous. Madame fit aussi porter de nombreux secours; nous parcourûmes la ville, accompagnés de son écuyer, cherchant des logemens et des vivres pour ces malheureux, sans pouvoir en trouver autant qu'il en fallait. Je n'oublierai jamais l'impression que me fit un ancien militaire décoré de la croix de Saint-Louis, et qui pouvait avoir soixante-six ans. Il était encore bel homme, de l'aspect le plus noble. Appuyé contre une borne dans un coin de rue isolée, il ne demandait rien à personne : il serait plutôt mort de faim, je crois, que de s'y décider, mais le malheur profond empreint sur sa figure appelait l'intérêt dès la première vue. Nous allâmes droit à lui, nous lui donnâmes le peu d'argent qui nous restait, et l'infortuné nous remercia par des sanglots. Le lendemain il fut logé dans le palais du roi, ainsi que plusieurs autres émigrés; car il n'y avait plus de place dans la ville.

On peut juger combien le cruel spectacle que je venais de voir redoublait mes inquiétudes sur ce qui pouvait se passer à Paris. Il m'était impossible de me calmer; je ne vivais pas; d'autant plus que je ne voyais point arriver M. de Rivière, qui m'avait écrit de l'attendre à Turin. Enfin l'instant qu'il avait fixé pour me rejoindre était dépassé de quinze jours quand il arriva, si horriblement changé que j'avais peine à le reconnaître. Ce qu'il venait de voir se passer sous ses yeux, en effet, était bien capable d'affecter à la fois l'esprit et le corps d'un homme; il me raconta qu'au moment où il traversait le pont de Beauvoisin, on y massacrait tous les prêtres, avec une fureur dont il ne saurait me donner une idée. Il avait été obligé de rester à Chambéry pour se faire soigner d'une fièvre ardente, causée par les atrocités dont il avait été témoin.

Je n'osai qu'en tremblant demander des nouvelles de ma mère, de mon frère, de M. Lebrun et de tous mes amis. Cependant M. de Rivière me rassura un peu, en me disant que ma mère ne quittait plus Neuilly, que M. Lebrun restait assez tranquille à Paris, et que mon frère et sa femme étaient cachés. Quant à mes amis et à mes connaissances, le danger ne les avait point encore atteints; mais beaucoup d'entre eux étaient inquietés.

On imagine bien que je renonçai au projet d'aller à Paris. Je me décidai à rester à Turin, c'est-à-dire fort près de cette ville, pour être plus à portée des nouvelles. En conséquence, je louai une petite maison (ce qu'on appelle une vigne) sur le coteau de Montcarlier, qui domine le Pô. M. de Rivière vint habiter avec moi cette solitude, où nous ne pouvions rencontrer que de bons paysans, si pieux et si calmes, que ces braves gens réjouissaient le cœur et consolaient l'esprit. Nous avions un clos, entouré de berceaux de vignes et de figuiers. Nous montions souvent la forêt qui était au-dessus de mon habitation; plusieurs sentiers nous menaient à de petites chapelles, situées de distance en distance sur la hauteur du coteau, dans lesquelles nous allions les dimanches entendre la messe. J'avoue que les églises champêtres m'ont toujours vue prier avec plus de ferveur que les autres. Je me souviens que mon amie, madame de Verdun, me grondait souvent de ne point me montrer assez assidue au service divin. Certes, si je n'allais pas en France régulièrement à la messe, ce n'est point par irréligion; mais dans les églises de Paris, où il y a foule, je ne suis pas assez à Dieu. J'y vois des couleurs, des draperies, une multitude d'expressions diverses de physionomies, des effets de soleil; enfin, comme la peinture m'y poursuit, je ne puis prier aussi bien que je le fais dans une église de village.

Le séjour que M. de Rivière fit dans cette solitude remit peu à peu sa santé. Quant à moi, je repris ma palette. Je peignis une baigneuse, d'après ma fille, et je vendis tout de suite ce tableau au prince Ysoupoff, qui vint me trouver dans ma Thébaïde.

Quand je fus résolue à retourner à Milan, ne sachant comment reconnaître les bons soins que Porporati avait pris de moi, j'imaginai de lui faire le portrait de sa fille, qu'il adorait avec raison. Il en fut si enchanté qu'il grava ce portrait aussitôt et m'en donna plusieurs charmantes épreuves.

A moitié chemin, sur la route de Milan, je fus arrêtée deux jours comme Française. J'écrivis tout de suite pour demander un permis de séjour, que le comte de Wilsheck, ambassadeur d'Autriche à Milan, me fit obtenir. J'allai l'en remercier dès que je fus installée, et je fus reçue par lui avec autant de bonté que de distinction. Il m'engagea beaucoup à me rendre à Vienne, m'assurant que ma présence y causerait une grande satisfaction. Comme les nouvelles que nous recevions de France m'obligeaient d'ajourner indéfiniment mon retour à Paris, je ne tardai pas à me décider, ainsi qu'on le verra, à suivre ce conseil.

Je fus reçue à Milan de la manière la plus flatteuse; le soir même de mon arrivée, les jeunes gens des premières familles de la ville vinrent me donner une sérénade sous mes fenêtres. Je me contentais d'écouter avec grand plaisir, ne soupçonnant pas le moins du monde que je fusse l'objet de cette galanterie italienne, quand mon hôtesse monta pour me le dire, et m'assurer de l'extrême désir que l'on avait de me garder dans la ville au moins pendant quelque temps. Afin de témoigner ma reconnaissance d'un pareil accueil, je crus devoir m'établir pour plusieurs jours à Milan, où d'ailleurs je désirais voir les tableaux des grands maîtres, et beaucoup d'autres choses curieuses.

Je visitai d'abord le réfectoire de l'église des *Grazie*, où se trouve la fameuse Cène, peinte sur mur par Léonard de Vinci. C'est un des chefs-d'œuvre de l'école italienne; mais en admirant ce Christ, si noblement représenté, tous ces personnages, peints avec tant de vérité et de caractère, je gémissais de voir un aussi superbe tableau altéré à ce point; il a d'abord été couvert de plâtre, puis repeint dans plusieurs parties. Toutefois on pouvait juger de ce qu'était cette belle composition avant ces désastres, puisque, vue d'un peu loin, elle produisait encore un effet admirable (1).

Je m'empressai, comme on peut le croire,

---

(1) Depuis j'ai su que ce chef-d'œuvre avait été bien autrement dégradé. On m'a dit que, pendant les dernières guerres de Bonaparte en Italie, les soldats s'amusaient à tirer des coups

d'aller voir les cartons de l'école d'Athènes, tracés par Raphaël, et je les contemplai longtemps avec délices. Puis je trouvai aussi à la bibliothèque Ambroisine une collection de dessins très précieux; car plusieurs sont de Raphaël, de Léonard de Vinci et d'autres grands maîtres. Ces dessins ne sont point terminés, mais tout y est indiqué avec autant d'esprit que de sentiment; plus finis, ils auraient perdu de leur piquante originalité. On voit dans cette bibliothèque Ambroisine une grande quantité de médailles antiques, les plus intéressans manuscrits et des trésors en pierres rares et en marbres précieux.

Je fis différentes excursions aux environs de Milan, une entre autres à la montagne de la *Madone del Monte*, où l'on voit à gauche, sur la hauteur, un temple; puis de distance en distance de petites chapelles dans lesquelles se trouvent tous les sujets de la passion. Les figures, grandes comme nature, sont sculptées.

de fusils à balles dans la Cène de Léonard de Vinci! Maudits soient ces barbares!

Elles ne sont pas d'un travail très fin ; mais elles ont une grande vérité d'expression; une Vierge surtout, sculptée, plus grande que nature, qui est représentée seule et montant au ciel, a beaucoup de majesté et une très belle pose.

Je suis montée jusqu'au sommet de cette montagne, d'où l'on découvre une vue magnifique et si étendue, que les monts voisins paraissent des vallons. Dans le lointain, à différentes distances, on aperçoit trois lacs. Celui de Côme, le plus éloigné de tous, est entouré de montagnes vaporeuses. Les deux autres, reflétant le ciel, étaient d'un bleu d'azur. Les tons variés des vallons d'un vert tendre, et des montagnes d'un vert foncé, font un repoussoir admirable pour le lointain. Sur le haut de ce Calvaire se trouve une église, environnée de sites enchanteurs, et d'une étendue immense; en descendant, je m'arrêtais souvent pour contempler cette belle végétation, ces beaux arbres et ce chemin pittoresque. En général, la nature de cette contrée est une des plus riches de l'Italie, et les environs de Milan sont si ravissans, que je ne cessais d'en faire des croquis.

Quelques jours après j'allai au lac Majeur, dont la large étendue est environnée de montagnes boisées, et au milieu duquel se trouvent deux îles, l'*isola Bella* et l'*isola Madre*. J'ai habité la première, en ayant reçu la permission du prince Boromée, à qui elle appartient. L'isola Bella n'a rien de pittoresque; elle est en partie entourée de murailles garnies d'espaliers de pêches. L'autre île est, dit-on, plus jolie; mais comme je m'embarquais dans l'intention de m'y rendre, le lac était si furieux que je fus obligée de renoncer à mon projet, et de profiter d'un moment de calme pour regagner la terre, d'autant que l'on m'assurait qu'il n'était pas rare de se trouver en danger sur ce lac.

De retour à Milan, j'allai voir la cathédrale qui est fort belle, et différentes curiosités que renferment les palais, qui sont bien loin d'être aussi riches en tableaux que les palais de Parme, et surtout ceux de Bologne.

Les promenades, aux environs de la ville, se font en voiture; les femmes y sont extrêmement parées, ce qui me rappelait notre Longchamp et notre ancien boulevard du Temple. En tout Milan me faisait bien souvent penser à Paris, tant par son luxe que par sa population. La salle de spectacle (la Scala), où j'ai entendu d'excellente musique, est immense. Je ne crois pas qu'il en existe de plus grande; sous ce rapport, celle de Naples peut seule lui être comparée.

Je suis allée à plusieurs beaux concerts; car Milan possède toujours quelque fameux chanteur et quelques grandes cantatrices. Au dernier, je me trouvais placée à côté d'une Polonaise très belle et très aimable, nommée la comtesse Bistri. Comme nous nous étions mises à causer ensemble, je lui parlai de mon prochain départ pour Vienne. Elle me dit qu'elle et son mari allaient aussi se rendre dans cette ville, mais plus tard. Cependant tous deux me témoignèrent un grand désir de faire route avec moi, en sorte qu'ils eurent la bonté d'avancer l'époque de leur voyage, et comme j'allais en voiturin, ils poussèrent l'obligeance jusqu'à ne pas prendre la poste, afin de ne jamais me quitter sur le chemin.

Il m'aurait été impossible de trouver des compagnons de voyage plus aimables. Ils me comblaient de soins, et l'on peut dire que le mari et la femme étaient d'une bonté rare, au point qu'ils emmenèrent avec eux un pauvre vieux prêtre émigré, et un autre jeune prêtre, qu'ils avaient trouvés en route, et qui venaient d'échapper au massacre de Pont de Beauvoisin. Quoique madame Bistri n'eût pour voiture qu'une diligence à deux places, ils mirent le vieillard entre eux deux, et le jeune homme derrière la voiture. Ils soignèrent ces deux infortunés, dont ils étaient les anges tutélaires, comme des amis, comme des parens les plus proches. Je fus tellement édifiée de leur conduite envers ces deux malheureux, que je ne puis exprimer à quel point elle m'attacha à cet excellent ménage, que j'ai vu constamment à Vienne.

En faisant route pour la capitale de l'Autriche, nous traversâmes une partie du Tyrol. Ce chemin est grandiose et pittoresque. On y voit des rochers d'une majesté imposante, embellis par la plus active végétation, et par des chutes d'eau, brillantes comme du cristal, qui vont alimenter des torrens. Nous parcourûmes aussi une partie de la Styrie; à mi-côte de ses montagnes, on aperçoit çà et là des habitations champêtres et quelques châteaux, qui sont du plus charmant effet. En tout, le chemin occupa mes yeux agréablement, depuis Milan jusqu'à Vienne.

CHAPITRE XI.

Je me loge à Vienne avec monsieur et madame Bistri. — La comtesse de Thoun; ses soirées. — La comtesse Kinski. — Casanova. — Le prince Kaunitz. — Le baron de Strogonoff. — Le comte de Langeron. — La comtesse de Fries, ses spectacles. — La comtesse de Shœnfeld.

Nous arrivâmes enfin dans la bonne ville de Vienne, où deux années et demie de ma vie devaient s'écouler d'une manière si agréable, que j'ai toujours su gré au comte de Wilsheck de m'avoir engagée à faire ce voyage. Comme monsieur, madame de Bistri et moi, nous ne voulions pas nous quitter, il nous fut impossible de trouver à nous loger dans la ville. Nous fûmes obligés d'aller nous établir dans un des faubourgs (qui sont plus grands que la ville), et là, je fis le portrait de l'aimable comtesse de Bistri, qui était une fort belle femme.

Peu de jours après mon arrivée, j'allai dans la ville porter les lettres de recommandation que m'avait données le comte de Wilsheck. Dans le nombre, il s'en trouvait une pour le célèbre prince Kaunitz, qui avait été ministre sous Marie-Thérèse. Mais je me rendis d'abord chez la comtesse de Thoun. Elle m'invita aussitôt à ses soirées, où se réunissaient les plus grandes dames de Vienne, et cette maison aurait suffi pour me faire connaître toute la haute société de la ville. J'y trouvais aussi beaucoup d'émigrés de notre pauvre France : le duc de Richelieu, le comte de Langeron, la comtesse de Sabran et son fils, la famille de Polignac, et plus tard l'aimable et bon comte de Vaudreuil, que je fus bien joyeuse de revoir.

Je n'ai jamais vu, rassemblées dans un salon,

un aussi grand nombre de jolies femmes qu'il s'en trouvait dans celui de madame de Thoun. La plupart de ces dames apportaient leur ouvrage, et s'établissaient autour d'une grande table, faisant de la tapisserie. On m'appelait quelquefois pour me consulter sur les effets, sur les nuances; mais comme ce qui me fait le plus de mal aux yeux est de les attacher sur des couleurs vives, à la lueur des lampes ou des bougies, j'avoue que je donnais souvent mon avis sans regarder. En général, j'ai toujours soigné mes yeux avec une grande prudence, et je m'en suis fort bien trouvée, puisque, maintenant encore, je peins sans être obligée de prendre des lunettes.

Parmi les jolies femmes dont j'ai parlé, il y en avait surtout trois remarquables par leur beauté : la princesse Linoski; la femme de l'ambassadeur de Russie, le comte de Rasowmoffski, et la charmante comtesse Kinski, née comtesse Diedrochsten. Cette dernière avait tous les charmes qu'on peut avoir; sa taille, sa figure, toute sa personne enfin était la perfection :

aussi fus-je bien surpris quand on me raconta son histoire, qui vraiment ressemble à un roman. Les parens du comte Kinski et les siens avaient arrangé entre eux de marier les jeunes gens, qui ne se connaissaient point. Le comte habitait je ne sais quelle ville d'Allemagne, et n'arriva que pour la célébration du mariage. Aussitôt après la messe, il dit à sa jeune et charmante femme : « Madame, nous avons obéi à nos parens; je vous quitte à regret; mais je ne puis vous cacher que depuis long-temps je suis attaché à une femme sans laquelle je ne puis vivre, et je vais la rejoindre. » La chaise de poste était à la porte de l'église; cet adieu fait, le comte monte en voiture, et retourne vers sa Dulcinée.

La comtesse Kinski n'était donc ni fille, ni femme, ni veuve, et cette bizarerie devait surprendre quiconque la regardait; car je n'ai point vu de personne aussi ravissante. Elle joignait à sa grande beauté l'esprit le plus aimable, et un cœur excellent; un jour qu'elle me donnait séance, je fis demander quelque chose à la gouvernante de ma fille, qui entra dans mon atelier avec un air si gai, que je lui demandai ce qu'elle avait. « Je viens, répondit-elle, de recevoir une lettre de mon mari, qui me mande que l'on m'a mise sur la liste des émigrés. Je perds mes huit cents francs de rente ; mais je m'en console, car me voilà sur la liste des honnêtes gens. » La comtesse et moi, nous fûmes touchées d'un désintéressement aussi honorable. Quelques minutes après, madame Kinski me dit que ma robe de peinture lui semblait si commode, qu'elle voudrait bien en avoir une pareille (elle savait déjà que la gouvernante de ma fille me faisait ces blouses). J'offris de lui en prêter une. « Non, reprit-elle, j'aimerais bien mieux que vous la fissiez faire par madame Charot (c'était le nom de la gouvernante); j'enverrai la toile nécessaire. » Peu de jours après, je lui remis la robe. Aussitôt notre séance finie, la comtesse court à la chambre de madame Charot et lui donne dix louis ; la bonne refuse ; mais l'aimable comtesse les pose sur la cheminée et s'enfuit comme un oiseau, bien contente d'avoir au moins rendu à cette brave femme un quartier de la pension perdue.

Ma coutume étant, lorsque j'arrivais dans une ville, de faire mes premières visites aux artistes, je n'avais pas tardé à aller voir Casanova, peintre très renommé dans le genre des batailles (1). Il pouvait avoir soixante ans, mais il avait encore beaucoup de vigueur, quoiqu'il portât deux ou trois paires de lunettes les unes sur les autres. Il travaillait alors à divers grands tableaux, représentant les hauts faits du prince de Nassau. Dans l'un, on voyait le prince terrassant un lion; dans un autre, il écrasait un tigre; enfin, tous étaient de cette force, ce qui donnait une terrible idée du personnage qui, pour avoir fait réellement ces prodiges de valeur et beaucoup d'autres encore, n'en avait pas moins l'air le plus doux et le plus tranquille qu'on puisse voir. Quant aux tableaux

(1) Avant la révolution, on voyait au palais Bourbon plusieurs grands et beaux tableaux de lui, qui représentaient les batailles du prince de Condé, père du duc de Bourbon.

dont je parle, ils avaient de l'effet, de la couleur, mais ils n'étaient point terminés.

Casanova avait beaucoup d'esprit et d'originalité. Il était très bavard, et je l'ai vu nous amuser extrêmement aux dîners du prince Kaunitz, par des histoires qui souvent n'avaient aucune vérité, et qui devaient tout leur comique à l'imagination vive et bizarre du conteur. Il avait la repartie prompte et heureuse. Un jour que nous dînions chez le prince de Kaunitz, la conversation roulant sur la peinture, on parla de Rubens, et quand on eut fait l'éloge de son immense talent, quelqu'un dit que son instruction, qui était aussi prodigieuse, l'avait fait nommer ambassadeur. A ces mots, une vieille baronne allemande prend la parole, et dit : « Comment ! un peintre ambassadeur ! c'est sans doute un ambassadeur qui s'amusait à peindre. — Non, madame, répond Casanova, c'est un peintre qui s'amusait à être ambassadeur. »

Casanova avait gagné énormément d'argent;

mais son désordre était tel, qu'il ne lui en restait pas.

En sortant de chez lui, je portai toutes mes lettres de recommandation. Je trouvai le prince de Kaunitz que je désirais beaucoup connaître. Ce grand ministre était alors âgé de quatre-vingt-trois ans au moins ; il était grand, très maigre, et se tenait fort droit. Il me reçut avec une bonté parfaite, et m'engagea pour dîner le lendemain. Comme on ne se mettait à table chez lui qu'à sept heures, et que j'avais l'habitude de dîner seule chez moi à deux heures et demie, cette invitation et celles qui suivirent, tout en me flattant, me contrariaient un peu : je n'aimais ni à dîner aussi tard, ni à dîner avec tant de monde ; car sa table, composée en grande partie d'étrangers, était toujours de trente couverts, souvent plus. Dès le premier jour dont il est question, je pris le parti de dîner chez moi avant de me rendre chez lui, ce que je m'efforçai de cacher autant qu'il m'était possible, en mettant une demi-heure à manger un œuf à la coque, mais ce

petit manége, dont il s'aperçut, le contraria;
et cela, joint au soin que je pris par la suite
pour esquiver quelques-unes de ses invitations,
causait les seules querelles qu'il m'ait jamais
faites, attendu qu'il ne tarda pas à me prendre
en grande amitié, ce dont j'étais fort reconnaissante. Il ne m'appelait jamais autrement
que sa bonne amie, et il voulut que ma Sibylle
restât exposée dans son salon pendant plus de
quinze jours, durant lesquels on le vit faire
les honneurs de ce tableau à la ville et à la
cour avec une grâce toute affectueuse pour
moi.

Le prince de Kaunitz, malgré son grand
âge, avait encore une forte tête et un esprit
plein de verve. Son goût, son jugement exquis,
sa haute raison, étonnaient tous ses convives.
Il recevait son monde admirablement; son
unique faiblesse était de conserver la prétention de monter à cheval mieux que personne.
Il m'invita, ainsi que plusieurs autres amis, à
venir le voir caracoler dans son manége. La
vérité est qu'il s'en acquittait parfaitement

bien, et d'une manière fort surprenante à son âge.
Il montait à la française : son costume et sa personne me rappelaient les cavaliers du temps de
Louis XIV, tels que nous les voyons représentés dans les beaux tableaux de Wouvermans.

Le prince de Kaunitz jouissait à Vienne de
la plus grande existence; la gloire qu'il avait
acquise comme ministre y vivait encore avec
lui. Le premier jour de l'an et celui de sa fête,
une foule immense se rendait chez lui pour le
complimenter ; nul ne s'en dispensait, et l'on aurait pu le croire empereur ces deux jours-là: aussi
ai-je été bien suprise de l'indifférence des Viennois pour la perte de leur célèbre compatriote.
J'étais encore à Vienne quand le prince de Kaunitz mourut après une courte maladie; à peine
eut-on l'air d'être sensible à la disparition de ce
grand homme. Quant à moi, j'en fus très affligée.
Je me souviens qu'étant allée peu de temps après,
voir pour la seconde fois un cabinet de figures en
cire fort curieux, je fus saisie à la vue de celle
du prince de Kaunitz couché, revêtu des habits
qu'il portait, coiffé comme il avait l'habitude

de l'être, enfin absolument tel que je l'avais vu si souvent chez lui. Ce spectacle, auquel je ne m'attendais nullement, me fit la plus douloureuse impression ; car je ne connais rien de si pénible à voir, que les traits exacts de quelqu'un que l'on a aimé, privés d'activité et de vie.

Peu de jours après mon arrivée à Vienne, je fis connaissance avec le baron et la baronne de Strogonoff, qui me prièrent tous deux de faire leurs portraits. La première se faisait aimer par sa douceur et son extrême bienveillance : quant à son mari, il possédait un charme supérieur pour animer la société ; il faisait les délices de Vienne en donnant des soupers, des spectacles, des fêtes, où chacun se pressait de se faire inviter. J'ai peu connu d'hommes plus aimables, plus gais, que le baron de Strogonoff. Quand le désir de rire et de s'amuser lui prenait, il inventait toutes les folies imaginables. Un jour entre autres, sachant que plusieurs personnes de sa société et moi, devions aller visiter le cabinet de figures en cire que je n'avais pas encore vu alors, il s'excusa sous un prétexte de ne pouvoir nous accompagner, et, prenant l'avance, il va se placer dans ce cabinet derrière un piédestal, de manière qu'il ne laissait voir que sa tête. En parcourant la galerie des portraits, nous passons devant lui ; mais il avait donné à ses yeux une telle fixité, et tant d'immobilité à tous ses traits, qu'aucun de nous ne le reconnaît. Après avoir visité les autres salles, nous repassons une seconde fois sans le reconnaître davantage ; mais alors voilà qu'il remue et qu'il parle ; nous fûmes tous effrayés, et surtout bien surpris de notre méprise. Elle prouve au reste combien, lorsque l'on peint une personne, sa physionomie ajoute à la ressemblance ; c'est pourquoi il faut bien se garder de donner des séances trop longues, ou de laisser un modèle s'ennuyer.

J'ai rarement vu jouer la comédie par des amateurs aussi bien que chez la baronne de Strogonoff. Les premiers rôles étaient remplis par le comte de Langeron, qui jouait les amoureux avec autant de grâce que de facilité, et qui avait une véritable passion pour la comédie. M. de Rivière jouait les rôles comiques d'une manière étonnante. Au reste, cet aimable homme (1) possédait tous les talens; aussi Doyen disait-il que M. de Rivière était un petit nécessaire de société. Le fait est qu'il peignait très bien, et copiait tous mes portraits, en grande miniature à l'huile; il chantait fort agréablement; il jouait du violon, de la basse, et s'accompagnait sur le piano. Il avait de l'esprit, un tact parfait, et un cœur si excellent, qu'en dépit de ses distractions, qui étaient fréquentes et nombreuses, il obligeait ses amis avec autant de zèle que de succès. M. de Rivière était petit, mince, et il a toujours conservé l'air si jeune, qu'âgé de soixante ans, sa taille et sa tournure ne lui en donnaient que trente.

Quant à M. de Langeron, je ne puis le faire mieux connaître, qu'en plaçant ici le portrait qu'il a tracé de lui-même, avec la plus grande vérité, et qu'il ajouta à son rôle, dans la dernière pièce qu'il a jouée à Vienne, avant le dé-

---

(1) M. de Rivière ayant embrassé plus tard la carrière de la diplomatie, est mort en 1833, à Paris, où il était ministre de Hesse-Cassel.

part du baron de Strogonoff. Ces vers donneront l'idée la plus juste de ce brave et aimable Français, qui, grâce à notre révolution, est mort chez les Russes, gouverneur d'Odessa.

Portrait de M. de Langeron, fait par lui-même, et ajouté au rôle de Dorlange, dans la comédie des Châteaux en Espagne.

Je veux pour m'amuser faire ici mon portrait,
En bien tout comme en mal ressemblant trait pour trait.
Du moins ce sera gai si ce n'est pas trop sage.
Je dois à la nature et j'acquis par l'usage,
De la facilité, du babil, du jargon,
Plus de superficie en un mot que de fond;
Aussi, légèrement je glisse sur les choses,
Et n'approfondis point les effets et les causes.
Je suis bon, confiant jusques à l'abandon;
Aussi, je fus souvent trompé, mais pourquoi non?
J'aime mieux me livrer, hélas! que de tout craindre;
Bien plus que le trompé, le trompeur est à plaindre.
J'ai toujours adoré l'honneur et l'amitié;
Pour ces dieux j'ai tout fait, j'ai tout sacrifié.
Quant à mon caractère, il est léger sans doute;
Mais heureux sur ma foi, car de rien je ne doute
Et toujours trouve à tout un remède assuré;
Si quelque chose enfin ne va pas à mon gré,

Ou bien si le malheur veut verser sur ma vie
Ses poisons, ses dégoûts ou sa mélancolie,
Les rêves et l'espoir viennent avec gaîté,
Dans mon cœur tenir lieu de la réalité.
Je fus d'aimer le sexe accusé par l'envie;
Je ne m'en défends pas, je l'aime à la folie,
Et l'aimerai demain plus encor qu'aujourd'hui.
Valons-nous dans le fait quelque chose sans lui?
On m'a dit bien souvent que j'étais trop volage.
Oui, je suis, j'en conviens, plus étourdi que sage,
Et mon esprit errant en projets, en amours,
Est tout comme mon corps, il voyage toujours.
On m'a souvent aussi reproché, ce me semble,
D'avoir aimé parfois plusieurs femmes ensemble.
Eh bien! c'était tromper, dit-on.... Non, car je croi
Que je les adorais toutes de bonne foi.
Du véritable amour j'ai cru que dans ma vie,
J'avais connu deux fois la triste frénésie.
Je m'en plaignais au sort; mais en me tâtant bien,
J'ai vu, je l'avouerai, qu'il n'en fut jamais rien.
Ai-je tort? Le profit est moindre que la peine.
J'ai cinq ans de l'hymen porté l'aimable chaîne;
Pendant trois, j'ai vécu comme un franc étourdi;
Mais on m'a vu depuis un excellent mari.
Quelle en est la raison? Elle existe en mon ame;
Je suis sensible et bon, un ange était ma femme.
J'ai connu la faveur sans en être enivré.
J'ai connu le malheur sans en être altéré.

J'ai beaucoup voyagé, j'ai fait beaucoup la guerre;
Comme le mouvement elle m'est nécessaire.
Je l'ai faite souvent, sans profit, sans projet,
J'ai plus cherché la gloire enfin que l'intérêt.
Je suis fat, ce n'est pas ma faute en vérité;
Je le suis dévenu parce qu'on m'a gâté.
Être stable, est pour moi dans les choses futures,
Pour l'être, j'aime trop encor les aventures.
Je serai, j'en suis sûr, avant qu'il soit long-temps,
Le meilleur des maris, le meilleur des amans;
Mais j'ai besoin d'user ma fureur vagabonde,
Et quelque temps encor de parcourir le monde.

Ce portrait de M. de Langeron était celui de beaucoup de jeunes gens de la cour de France à l'époque de la révolution. Chez la plupart d'entre eux, quelque peu d'étourderie se joignait à la franchise, à la bravoure, et surtout à je ne sais quelle grâce d'esprit qui, s'il faut le dire, a totalement disparu depuis que nous sommes devenus si profonds. Le chevalier de Boufflers, le vicomte de Ségur, le comte Louis de Narbonne, étaient des modèles de cette grâce d'esprit dont je parle. Je ne connais pas de mot de courtisan plus fin que la repartie du dernier à l'empeur Bonaparte, qui, parlant de madame de Narbonne, lui disait : « Votre mère ne m'aime pas; je le sais. — Sire, répondit le comte, elle n'en est encore qu'à l'admiration. »

La maison du baron de Strogonoff n'était pas la seule à Vienne où l'on jouât la comédie de société. La comtesse de Fries, veuve du fameux banquier de ce nom, avait une très jolie salle de spectacle, dans laquelle je l'ai vue parfaitement bien jouer les rôles de caractères. Sa fille, mademoiselle de Fries, avait une très belle voix, et chantait à merveille, en sorte que l'on donna un jour pour elle un petit opéra à trois acteurs. Tout alla fort bien d'abord; la scène se passait dans une île déserte, où deux amans s'étaient réfugiés. Mademoiselle de Fries jouait le rôle de la jeune fille, M. de Rivière celui de l'amant, et tous deux chantaient admirablement; mais vers la fin de la pièce, le père de l'amante arrive dans une barque. On avait collé une barbe de coton autour de la bouche et du menton de celui qui remplissait ce rôle; dès que ce jeune homme se mit à chanter, voilà que cette barbe se détache et lui entre dans la bouche de telle sorte, qu'il en fut suffoqué. Nous l'entendions crier d'une voix étouffée : J'avale ma barbe! j'avale ma barbe! et quoique ce grotesque accident n'eût aucune suite fâcheuse, l'opéra en resta là.

Mademoiselle de Fries était excellente musicienne, et quand je fis son portrait, je voulus la peindre en Sapho, chantant, et s'accompagnant de la lyre. Son visage, sans être joli, avait infiniment d'expression. Sa sœur, la comtesse de Schœnfeld, était très jolie, et fashionable autant qu'on puisse l'être, au point que sa mère, madame de Fries, ayant un jour donné, dans une pièce, un rôle à son neveu, qui n'avait point l'air distingué, comme je me trouvais placée au spectacle à côté de madame de Schœnfeld, je lui demandai qui était ce monsieur? — C'est le neveu de ma mère, répondit-elle, ne pouvant se décider à dire : C'est mon cousin.

CHAPITRE XII.

Je vais me loger dans la ville. — Portraits que je fais à Vienne. —Bienfaisance des Viennois. — Musée royal.—Le Prater. — Schœnbrunn. — Beaux parcs des environs de Vienne. — Les bals. — Le jour de l'an. — Le prince d'Esterhazy. — La princesse maréchale Lubomirska, — La comtesse de Rombec. — Mort de Louis XVI et de Marie-Antoinette.—Mort de madame de Polignac.

Monsieur et madame Bistri devant retourner en Pologne, j'allai louer un logement dans l'intérieur de Vienne. Je n'aurais pu d'ailleurs continuer à habiter un faubourg; car pour me rendre à la ville, il me fallait traverser les remparts, les glacis, où le vent constant et furieux élevait une énorme poussière qui me faisait très mal aux yeux; aussi le dicton de Vienne est-il qu'il y a dans cette ville trois causes de mort : le vent, la poussière et la valse. Le fait est que la traversée de ces remparts était alors une horrible chose; maintenant, m'a-t-on dit, ils sont plantés de beaux arbres, et cet endroit sec et aride est devenu une immense et superbe promenade.

Je m'établis dans un logement à ma convenance, et j'y fis aussitôt le portrait de la fille de l'ambassadeur d'Espagne, mademoiselle de Kaguenek, qui était âgée de seize ans et très jolie, ainsi que ceux du baron et de la baronne de Strogonoff. Ma Sibylle, que l'on venait en foule voir chez moi, ne contribua pas peu, j'imagine, à décider beaucoup de personnes à me demander de les peindre; car j'ai beaucoup travaillé à Vienne. En tout, il me serait difficile d'exprimer toute la reconnaissance que je conserve du bon accueil que j'ai reçu dans cette ville. Non seulement les Viennois ont témoigné de l'affection pour ma personne, mais ils mettaient de la coquetterie à placer mes tableaux d'une manière qui leur fût favorable. Je me souviens, par exemple, que le prince Paar, à qui l'on avait porté le grand portrait que je venais de faire de sa sœur, l'aimable et bonne comtesse Dubuquoi, m'invita à venir voir ce portrait chez lui. Je trouvai le tableau placé dans son salon, et comme les boiseries étaient peintes en blanc, ce qui tue la peinture, il avait fait poser une large draperie verte qui entourait tout le cadre et retombait dessous. En outre, pour le soir, il avait fait faire un candélabre à plusieurs bougies, portant un garde-vue, et disposé de façon que toute la lumière ne se reflétait que sur le portrait. Il est inutile de dire combien un peintre doit être sensible à ce genre de galanterie.

La bonne compagnie de Vienne et la bonne compagnie de Paris étaient alors exactement la même pour le ton et pour les usages. Quant au peuple, nulle part je ne l'ai vu avoir cet air de bonheur et d'aisance, qui n'a cessé de me réjouir les yeux pendant mon séjour dans cette grande ville. Soit à Vienne, soit dans les campagnes qui l'environnent, je n'ai jamais rencontré un mendiant; les hommes de peine, les paysans, les rouliers, tous sont bien vêtus. On juge d'abord qu'ils vivent sous un gouvernement paternel. Il est bien vrai qu'il en est ainsi; et de plus, les riches familles viennoises, dont quelques-unes ont des fortunes colossales, dépensent leurs revenus de la manière la plus honorable et la plus utile aux pauvres. On fait prodigieusement travailler, et la bienfaisance est une vertu commune à toutes les classes aisées. Un de mes grands sujets d'étonnement a été, la première fois que j'allai au spectacle à Vienne, de voir plusieurs dames, entre autres la belle comtesse Kinski, tricoter de gros bas dans leurs loges; je trouvais cela fort étrange; mais quand on m'eut dit que ces bas étaient pour les pauvres, j'ai pris plaisir depuis, à voir les plus jeunes et les plus jolies femmes travailler ainsi, d'autant qu'elles tricotent tout en s'occupant d'autre chose, sans même regarder leur ouvrage et avec une vitesse prodigieuse.

Vienne, dont l'étendue est considérable, si l'on y comprend ses trente-deux faubougs, est remplie de fort beaux palais. Le Musée impérial possède des tableaux des plus grands maîtres que j'ai bien souvent été admirer ainsi que tous ceux du prince Lichtenstein. Cette dernière galerie se compose de sept salles, dont une ne renferme que des tableaux de Vandick, et les autres, plusieurs beaux Titien, Caravage, Rubens, Canaletti, etc., etc.; il se trouve aussi quelques chefs-d'œuvre de ce grand maître dans le Musée impérial.

On a dit avec raison que le Prater était une des plus belles promenades connues. Elle consiste en une longue et magnifique allée dans laquelle circulent un grand nombre de voitures élégantes, et de chaque côté sont beaucoup de personnes assises, ainsi qu'on en voit dans la grande allée des Tuileries. Mais ce qui rend le Prater plus agréable et plus pittoresque, c'est que son allée conduit à un bois, peu ombragé et plein de cerfs, si apprivoisés, qu'on les approche sans les effrayer. On voit encore une autre promenade sur les bords du Danube, où tous les dimanches se réunissent diverses sociétés bourgeoises pour y manger des poulets frits. Le parc de Shœnbrunn est aussi très fréquenté, surtout le dimanche. Ses belles allées, et les repos pittoresques que l'on trouve sur les hauteurs à l'extrémité du parc, en font une promenade charmante. On y rencontre fort souvent de jeunes couples se promenant en tête-à-tête, ce que l'on respecte en s'éloignant; car presque toujours ces promenades à Shœnbrunn sont des préludes de mariages convenus.

Les environs de Vienne en général sont grandioses. On remarque surtout le parc du maréchal Lansdon, du maréchal Lassi, et celui du comte de Cobentzel. Tous les trois sont superbes, et dans un tout autre genre que les parcs anglais. Ces derniers sont plus uniformes, plus plats, et par conséquent moins pittoresques. Ceux des environs de Vienne ont des montagnes naturelles, boisées dans le haut; il s'y trouve des ravins profonds, que l'on traverse sur des ponts d'une forme élégante, des rivières naturelles et des cascades brillantes qui descendent avec rapidité des hauteurs.

A Vienne, je suis allée à plusieurs bals, particulièrement à ceux que donnait l'ambassadeur de Russie, le comte de Rasowmofski, qu'on pouvait appeler des fêtes charmantes. On y dansait la valse avec une telle fureur, que je ne pouvais concevoir comment toutes ces personnes, en tournant de la sorte, ne s'étourdissaient pas au point de tomber; mais hommes et femmes sont tous si bien habitués à ce violent exercice, qu'ils ne s'en reposent pas un seul moment, tant que dure le bal. On dansait souvent aussi *la polonaise*, beaucoup moins fatigante; car cette danse n'est autre chose qu'une promenade pour laquelle on marche tranquillement deux à deux. Celle-ci convient à merveille aux jolies femmes, dont on a tout le temps d'admirer la taille et le visage.

Je voulus aussi voir un grand bal de la cour.

L'empereur François II avait épousé en secondes noces Marie-Thérèse des Deux-Siciles, fille de la reine de Naples. J'avais peint cette princesse en 1792; mais je la retrouvais si changée qu'en la revoyant dans ce bal, j'eus peine à la reconnaître. Son nez s'était alongé, et ses joues s'étaient aplaties au point qu'elle ressemblait alors à son père. Je regrettai pour elle qu'elle n'eût pas conservé les traits de sa mère, qui, je crois l'avoir déjà dit, rappelait beaucoup notre charmante reine de France.

Il se donnait à Vienne de superbes concerts, et j'en ai entendu plusieurs. Dans l'un d'eux, on exécuta d'abord, à grand orchestre et avec une rare perfection, une des plus belles symphonies d'Haydn; puis je vis s'approcher du piano une ancienne cantatrice du temps de Marie-Thérèse, à qui j'aurais bien donné cent ans, quoiqu'elle me parût, à ma grande surprise, s'apprêter à chanter. Je tremblais que la pauvre vieille ne pût faire entendre deux notes de suite; mais dès qu'elle eut commencé le récitatif, son âge, sa laideur, tout disparut; son visage prit une expression superbe, et elle chanta si parfaitement bien, que nous étions tous dans l'admiration. J'avoue que je fus stupéfaite ; je croyais assister à l'opération d'un miracle.

Le premier jour de l'an est très brillant à Vienne. On voit alors une grande quantité de Hongrois dans leur élégant costume, ce qui leur sied à merveille, attendu qu'en général ils sont grands et bien faits. Un des plus remarquables était le prince d'Esterhazy ; je l'ai vu passer, monté sur un cheval richement caparaconné, couvert d'une housse parsemée de diamans. L'habit du prince était d'une richesse analogue, et comme il faisait grand soleil, les yeux étaient vraiment éblouis d'une telle magnificence.

Une société fort agréable, était celle des Polonaises ; presque toutes sont aimables et jolies, et j'ai peint quelques-unes des plus belles. On les trouvait réunies le plus souvent chez la princesse Lubomirzka, que j'avais connue à Paris, à l'époque où je fis le portrait de son neveu en Amour de la gloire, et chez laquelle j'allais beaucoup à Vienne. Elle tenait une des maisons les plus brillantes de cette ville, où elle donnait de très beaux concerts et des bals charmans. J'ai vu aussi une grande réunion de Polonaises chez la princesse Czartorinska, qui recevait à merveille. Son mari était fort aimable, et leur fils, que je connus alors, a été depuis ministre à Pétersbourg.

Une personne que je retrouvais avec bonheur à Vienne, c'était madame la comtesse de Brionne, princesse de Lorraine. Elle avait été parfaite pour moi dès ma plus grande jeunesse, et je repris la douce habitude d'aller souvent souper chez elle, où je rencontrais fréquemment ce vaillant prince de Nassau, si terrible dans un combat, si doux et si modeste dans un salon.

Je fréquentais aussi beaucoup la maison de la comtesse de Rombec, sœur du comte de Cobentzel. Madame de Rombec était la meilleure des femmes; elle avait de l'esprit et un naturel parfait, mettant son bonheur à soulager les malheureux : c'était chez elle que se faisaient toutes les quêtes, que se tiraient toutes les loteries destinées à secourir les infortunés ; elle mettait à ces bonnes œuvres tant de grâce et de zèle, qu'il était impossible de ne pas lui ouvrir sa bourse. J'ai remarqué, au reste, que les quêtes faites dans les salons, sont un des moyens les plus efficaces pour venir au secours des pauvres. Aussi en ai-je trouvé l'usage établi dans tous les pays que j'ai parcourus. Je me souviens qu'à Rome, où je passais souvent la soirée chez la douce et bonne lady Cliford, je la vis un soir se lever, une bourse à la main, et faire le tour de son cercle, qui était fort nombreux. Lorsqu'elle approcha de moi, voyant que j'avais préparé mon offrande : « Non, me dit-elle, je quête pour un de nos compatriotes que nous ne connaissons pas, mais qui vient de perdre au jeu tout ce qu'il possédait ; c'est à nous seuls de le secourir. » Je trouvai ce mot bien anglais.

La comtesse de Rombec réunissait dans son salon la société la plus distinguée de Vienne. C'est chez elle que j'ai vu le prince Metternich avec son fils, qui depuis est devenu premier ministre, mais qui n'était alors qu'un fort beau jeune homme. J'y ai retrouvé l'aimable prince de Ligne ; il nous racontait le charmant voyage qu'il avait fait en Crimée avec l'impératrice Catherine II, et me donnait le désir de voir cette grande souveraine. J'y rencontrai aussi la duchesse de Guiche, dont le charmant visage n'avait pas changé. Sa mère, madame de Polignac, habitait constamment une campagne voisine de Vienne. C'est là qu'elle apprit la mort de Louis XVI, qui l'affecta au point que sa santé en fut très altérée; mais lorsqu'elle reçut l'affreuse nouvelle de celle de la reine, elle y succomba. Le chagrin la changea au point que sa charmante figure était devenue méconnaissable, et que l'on pouvait prévoir sa fin prochaine. Elle mourut en effet peu de temps après, laissant sa famille et plusieurs amis qui ne l'avaient pas quittée, inconsolables de sa perte.

Il est certain que je puis juger combien ce qui venait de se passer en France dut être affreux pour elle, par la douleur que j'en éprouvai moi-même. Je n'appris rien par les journaux, car je n'en lisais plus depuis le jour qu'ayant ouvert une gazette chez madame de Rombec, j'y trouvai les noms de neuf personnes de ma connaissance, qu'on avait guillotinées; on prenait même grand soin dans ma société de me cacher tous les papiers-nouvelles. J'appris donc l'horrible évènement par mon frère, qui me l'écrivit sans ajouter aucun détail. Le cœur navré, il me dit seulement que Louis XVI et Marie-Antoinette étaient morts sur l'échafaud! Depuis, par pitié pour moi, je me suis toujours gardée de faire la moindre question sur tout ce qui a pu accompagner ou précéder cet affreux assassinat, en sorte que je ne saurais rien de plus aujourd'hui sans un fait dont je parlerai plus tard.

CHAPITRE XIII.

Huitzing. — La princesse Lichtenstein. — Les corbeaux. — Je me décide à aller en Russie. — Le prince de Ligne me prête le couvent de Caltemberg que je vais habiter. — Vers du prince de Ligne. — Portrait en vers du prince de Ligne par M. de Langeron.

Sitôt que le printemps était venu, j'avais loué une petite maison dans un village des environs de Vienne, où j'avais été m'établir. Ce village, nommé Huitzing, touchait presque le parc de Schœnbrunn. La famille de Polignac l'habitait, et quoique sa situation le rendît agréable dès ce temps, j'ai su depuis, par madame de Rombec, qu'il s'est fort embelli, et qu'elle-même y possédait une habitation ressemblante à la maison carrée de Nîmes.

J'apportai à Huitzing le grand portrait que je faisais alors de la princesse Lichtenstein pour le terminer. Cette jeune princesse était très bien faite; son joli visage avait une expression douce et céleste, qui me donna l'idée de la représenter en Iris. Elle était peinte en pied, s'élançant dans les airs. Son écharpe, aux couleurs de l'arc-en-ciel, l'entourait, en voltigeant autour d'elle. On imagine bien que je la peignis les pieds nus; mais lorsque ce tableau fut placé dans la galerie du prince, son mari, les chefs de la famille furent très scandalisés de voir que l'on montrât la princesse sans chaussure, et le prince me raconta qu'il avait fait placer dessous le portrait une jolie petite paire de souliers, qui, disait-il aux grands parens, venaient de s'échapper et de tomber à terre.

Les bords du Danube sont superbes et m'offraient tous les moyens de satisfaire mon goût pour les promenades solitaires et pittoresques. J'en découvris une un jour, où, de l'autre côté de la rive, en face de moi, s'élevait un superbe groupe d'arbres, que les nuances de l'automne enrichissaient de tons riches et variés, et d'où j'apercevais à gauche, dans le lointain, la haute montagne du Caltemberg. Charmée de ce magnifique paysage, je m'établis sur les bords du fleuve, je prends mes pastels, et je me mets à peindre ces beaux arbres et ce qui les environne. Tout près d'eux était une cahute en planches, et je voyais sur le Danube un petit bateau, qu'un homme dirigeait fort doucement dans l'intention de tuer des corbeaux. Quelques minutes ensuite, effectivement, cet homme tire son coup de fusil, abat un de ces oiseaux, qu'il prend et qu'il place sur la planche de son bateau; mais dans l'instant même une énorme nuée de corbeaux arrive à tire-d'aile; leur nombre était tel, que l'homme eut peur et courut se cacher dans sa petite baraque, en quoi je pense qu'il agit prudemment; car je n'ai pas le moindre doute que les corbeaux, furieux du meurtre de leur camarade, ne l'eussent assailli de manière à le tuer. L'homme enfui, ces pauvres bêtes s'approchèrent du corbeau blessé à mort, le prirent, et l'emportèrent sur les branches d'un des plus grands arbres. Alors commencèrent des cris, des croassemens si violens, qu'on ne peut en donner une idée. Je restai deux ou trois heures à peindre les arbres où ils étaient perchés, et lorsque j'eus fini mon étude, leur fureur n'était point calmée. Cette scène, qui me surprit beaucoup, me jeta dans je ne sais quelle rêverie sur l'espèce humaine, qui, je dois l'avouer, était toute à l'avantage des corbeaux.

J'étais heureuse à Vienne autant qu'il est possible de l'être loin des siens et de son pays. L'hiver, la ville m'offrait une des plus aimables et des plus brillantes sociétés de l'Europe, et quand le beau temps revenait, j'allais jouir avec délice du charme de ma petite retraite. Je ne pensais donc nullement à quitter l'Autriche avant qu'il fût possible de rentrer en France sans danger, lorsque l'ambassadeur de Russie et plusieurs de ses compatriotes me pressèrent vivement d'aller à Pétersbourg où l'on m'assurait que l'impératrice me verrait arriver avec un extrême plaisir. Tout ce que le prince de Ligne m'avait dit de Catherine II m'inspirait un grand désir de voir cette souveraine. Je pensais avec raison, d'ailleurs, que le plus court séjour en Russie complèterait la fortune que je m'étais promis de faire avant de retourner à Paris; je me décidai donc à faire ce voyage.

Je m'occupais de mes préparatifs pour quitter Vienne, et j'allais me mettre en route dans peu de jours, quand le prince de Ligne vint me voir. Il me conseilla d'attendre la fonte des neiges, et pour m'engager à rester encore, il m'offrit d'aller habiter, sur la montagne de Caltemberg, l'ancien couvent qui lui avait été donné par l'empereur Joseph II. Connaissant mon goût pour les lieux élevés, il me tenta en me parlant de Caltemberg comme de la plus haute montagne des environs de Vienne, et je ne résistai pas à l'envie d'y passer quelque temps.

J'allai donc prendre avec ma fille, sa gouvernante et M. de Rivière, le chemin horrible et rocailleux qui conduit à ce couvent. Nous le fîmes à pied, les cahots de la cariole n'étant pas supportables, en sorte que nous arrivâmes très fatigués. Le gardien et sa femme, à qui le prince nous avait fortement recommandés, eurent pour nous les soins les plus empressés. Tous les bâtimens qu'avaient occupés anciennement les religieux existaient encore. On prépara aussitôt nos chambres, qui n'étaient autre chose que de petites cellules distantes les unes des autres. Pendant ces arrangemens, j'allai me reposer sur un banc, d'où l'on avait une vue magnifique. Je planais sur le Danube, coupé par des îles qu'embellissait la plus belle végétation, et sur des campagnes à perte de vue; enfin c'était l'immensité, et l'on peut remarquer que les religieux avaient le bon esprit d'habiter toujours des lieux fort élevés. Privés des jouissances du monde, au moins goûtaient-ils le charme qu'on éprouve à respirer un air pur en contemplant une nature grandiose. Je le goûtais moi-même alors, d'autant plus qu'il faisait un temps admirable. Je me reposai promptement de mes fatigues; et je courus de l'autre côté de la montagne, où, de la lisière d'un bois, j'apercevais dans le fond un village très peuplé que traversait une petite rivière courante et limpide; enfin, j'étais ravie de me trouver là : je préférais la cellule que j'allais habiter à tous les salons du monde, et je bénissais ce bon prince de Ligne en regrettant bien qu'il ne fût pas témoin de mon bonheur.

Je suis restée trois semaines dans ce beau lieu. M. de Rivière, plus citadin que moi, allait souvent à la ville, mais nous n'en avons pas moins fait ensemble de charmantes promenades sur la montagne. Ma fille venait quelquefois s'asseoir avec moi sur le banc dont j'ai parlé, où nous attendions le clair de lune. Je me souviens qu'un soir, l'heure de son coucher approchant, elle me dit : « Maman, tu trouves que cela fait rêver; pour moi, je trouve que cela donne envie de dormir. »

Les grandes salles du couvent étaient restées

intactes dans leur construction; depuis, le prince les a fait meubler pour y donner de très belles fêtes. Les bals durant une partie de la nuit, les dames restaient tout habillées, et se couchaient sur les divans qui entouraient ces immenses salons. Pour mon goût, Caltemberg, tel qu'il était quand je l'ai habité, me plaisait infiniment mieux qu'à l'époque où se donnaient toutes ces fêtes. Je retrouve des vers que le prince de Ligne m'adressa lorsque j'allai m'établir sur sa charmante montagne.

A MADAME LEBRUN.

Pour avoir fait à l'empyrée
Le même vol que Prométhée,
Vous méritez punition.
A ce mont soyez attachée.
Par un vautour au lieu d'être ici déchirée,
De vous nous voulons bien avoir compassion;
De caresses soyez mangée :
Par notre amour soyez clouée ;
Et par notre admiration
Pour toujours en ces lieux fixée.
Près de votre habitation
De la voûte azurée

Dont vous semblez être échappée,
Oubliez votre nation,
Par votre génie honorée,
Mais à présent, pays de désolation !
Que ma montagne fortunée
Par la fière possession
Des talens dont la terre est ravie, étonnée,
Soit par nos chants à jamais célébrée.

Certes, on peut dire qu'une trop flatteuse exagération a dicté ces vers à l'aimable prince de Ligne; mais en voici faits sur lui-même, pour lesquels le poète n'a laissé parler que la vérité.

Vers faits sur le prince de Ligne par M. de Langeron, en 1790.

De Mars et d'Apollon tu vois le favori,
Et de Vénus le serviteur fidèle.
Es-tu bon citoyen ? ce sera ton ami.
Es-tu soldat ? ce sera ton modèle.
Es-tu triste ? ses soins calmeront ta douleur.
Es-tu femme ? bientôt il sera ton vainqueur.

CHAPITRE XIV.

Je quitte Vienne. — Prague. — Les églises. — Budin. — Dresde. — Les promenades. — La galerie. — Raphaël. — La forteresse de Kœnigsberg. — Berlin. — Reinsberg. — Le prince Henri de Prusse.

Après avoir séjourné à Vienne deux ans et demi, j'en partis le dimanche 19 avril 1795 pour me rendre à Prague où j'arrivai le 23 avril, par une route très belle.

Ce que nous remarquâmes d'abord en entrant dans la capitale de la Bohême, ville grande et bien bâtie, ce fut le pont placé sur la rivière qui traverse la ville et qui va se jeter dans l'Elbe. Ce pont est très beau et très long; car il a vingt-quatre arches.

Je commençai par aller voir les églises. La première que je visitai, Saint Thomas, est assez belle. J'y ai admiré un beau tableau de Rubens, qui représente le martyre de saint Thomas; puis un autre du Caravage, qui est très noirci, mais qui a de beaux détails.

On trouve au maître-autel de la cathédrale un superbe tableau de Gérard de la Notte, qui représente sainte Anne écrivant, et la Vierge tenant l'enfant Jésus. Ces trois figures sont de la plus grande vérité. Le style en est parfait, de même que celui des draperies. Le fond aussi est du plus grand effet. L'arcade du milieu fait illusion et perce la toile; les bas-reliefs sont extrêmement soignés; enfin cet ouvrage est un des plus finis de ce maître. A gauche du maître-autel, on voit un tableau de Lairesse, représentant un martyr; les figures du second et du troisième plan sont d'une finesse extraordinaire; le fond en est fort bien composé et bien peint.

Cette cathédrale renferme les tombeaux de

trois empereurs couchés, qui sont d'un beau travail. Une chapelle toute en argent, dans laquelle est saint Népomucène; un superbe dais, soutenu par quatre anges plus grands que nature, en argent aussi; un petit bas-relief, représentant le saint, que des guerriers jettent du haut en bas des remparts. De plus on conserve dans l'église la cotte de mailles en fer de saint Népomucène, et beaucoup de personnes viennent baiser cette relique historique.

Le palais de l'archiduchesse Marianne est très grand et très beau; il me rappelait celui du roi de Naples.

La vieille ville est sur une montagne, et la nouvelle dans la plaine; mais j'ai eu peu de temps pour les parcourir; car je ne suis restée qu'un jour à Prague, désirant arriver à Dresde le plus tôt possible.

Sur notre route, nous passâmes à Budin dont les environs sont charmans. Cette ville est déserte, ses fortifications sont en ruine; on n'y rencontre que des vieillards, quelques femmes et des enfans, mais encore en très petit nombre.

Enfin nous arrivâmes à Dresde, après avoir passé la Corniche, chemin fort étroit, sur une grande hauteur, d'où l'on cotoie l'Elbe qui coule dans un fond très spacieux. Dresde est une jolie ville, bien bâtie, mais à cette époque elle était très mal pavée ; l'Elbe la traverse. Ses environs sont charmans, principalement le Plaone, d'où l'on découvre une vue superbe ; mais malheureusement tous ces beaux lieux sont infectés de l'odeur des pipes. C'est là que les bourgeois viennent, surtout le dimanche, faire des parties de plaisir; beaucoup y apportent leur dîner, et sitôt leur repas terminé, ils se mettent tous à fumer, ce qui désenchantait, pour moi, ces délicieuses promenades. Cet inconvénient, à la vérité, n'existe pas dans plusieurs beaux jardins que j'ai parcourus, et qui sont en grand nombre. Je citerai principalement le Brill, le parc Antoine, le grand jardin de l'électeur et le jardin de Hollande, comme les plus remarquables.

J'allai à l'église catholique pour voir un très beau tableau de Mengs, qui représente l'Ascension, et le lendemain de mon arrivée, je visitai enfin cette fameuse galerie de Dresde, unique dans le monde. Sa vue ne dément point sa grande célébrité; il est bien certain que c'est la plus belle de l'Europe. J'y suis retournée bien souvent, toujours plus convaincue de sa supériorité, en admirant le nombre immense de chefs-d'œuvre qu'elle renferme.

Ces chefs-d'œuvre sont trop connus par une foule d'ouvrages divers propres à en donner l'idée pour que j'entre ici dans aucuns détails. Je dirai seulement que là comme partout on reconnait combien Raphaël s'élève au-dessus de tous les autres maîtres. Je venais de visiter plusieurs salles de la galerie, lorsque j'arrivai devant un tableau qui me saisit d'une admiration au-dessus de toutes celles que peut faire éprouver l'art du peintre. Il représente la Vierge, placée sur des nuages, tenant l'enfant Jésus dans ses bras. Cette figure est d'une beauté, d'une noblesse dignes du divin pinceau qui l'a tracée. Le visage de l'enfant, qui est charmant, porte une expression à la fois naïve et céleste;

les draperies sont du dessin le plus correct et d'une belle couleur. A la droite de la Vierge, on voit un saint dont le caractère de vérité est admirable; ses deux mains surtout sont à remarquer. A gauche est une jeune sainte, la tête baissée, qui regarde deux anges placés en bas du tableau. Sa figure est pleine de beauté, de candeur et de modestie. Les deux petits anges sont appuyés sur leurs mains, les yeux levés vers les personnages qui se trouvent au-dessus d'eux, et leurs têtes ont une ingénuité et une finesse dont il est impossible de donner l'idée par des mots (1).

Après être restée très long-temps en adoration devant ce chef-d'œuvre, je repassai pour sortir de la galerie par les mêmes salles que je venais de traverser. Les meilleurs tableaux des plus grands maîtres avaient perdu, pour moi, quelque chose de leur perfection; car j'emportais l'image de cette admirable composition et

---

(1) Ce tableau de Raphaël a été fort bien gravé à Dresde par Schender.

de cette divine figure de Vierge! Rien ne peut se comparer dans les arts à la noble simplicité, et toutes les figures que je revoyais me semblaient grimacer un peu.

Ce qui rend cette galerie de Dresde aussi admirable, c'est qu'elle renferme des chefs-d'œuvre des grands maîtres de toutes les écoles. On peut dire que toute la peinture est là, et que l'art ne possède pas un nom célèbre qui n'y soit inscrit. Tout en évitant de donner ici un catalogue, je parlerai d'un saint Jérome de Rubens, qui m'a semblé un de ses ouvrages supérieurs, et d'une salle remplie de portraits et de tableaux de la Rosalba, qui sont d'une vérité enchanteresse. Les pastels notamment ont une grâce et un moelleux qui rappelle tout-à-fait le Corrège.

L'électeur me fit prier d'exposer dans cette belle galerie ma Sibylle, qui voyageait avec moi, et pendant une semaine toute la cour y vint voir mon tableau. Je m'y rendis moi-même le premier jour, afin de témoigner combien j'étais vivement touchée et reconnaissante de cette haute faveur, que j'étais loin d'attendre et de mériter.

La bibliothèque de Dresde est très belle; on y voit, outre des livres rares, une grande quantité de porcelaines très précieuses, et de très beaux antiques.

Le trésor est un des plus riches que l'on connaisse en diamans et en perles fines.

Une chose fort curieuse à voir, ce sont les salles qui renferment les armes, les costumes des anciens rois et chevaliers. On vous montre le chapeau de Pierre-le-Grand, ainsi que son épée, le casque et la cuirasse d'Auguste, ancien roi de Pologne : cette cuirasse est si lourde qu'on ne peut concevoir comment ce prince a pu la porter; car maintenant il faut trois hommes pour la soulever.

Nous allâmes voir la fameuse forteresse de Kœnigstein, et ma fille fut de cette partie. Notre chemin nous conduisit à un petit village nommé Krebs, bâti sur une montagne, entouré de collines très fertiles, et de beaux bois de cyprès et de sapins. Nous nous y arrêtâmes pour jouir d'une superbe vue, qui vous montre, à droite, la ville de Dresde, Pilnitz, l'Elbe, des montagnes lointaines, et à gauche la magnifique forteresse de Kœnigstein. Brunette aimait tellement ce hameau, qu'elle aurait voulu y rester, disant que l'on serait heureux là, loin des villes.

Nous arrivâmes à la forteresse de Kœnigstein, l'une des plus belles du monde, tant par sa situation que par ses ouvrages. Il s'y trouve un puits si profond qu'il faut trente secondes pour entendre tomber dans l'eau ce qu'on y jette. L'eau de ce puits est très bonne à boire. Tout concourt à faire de cette place forte un lieu de défense admirable ; de son immense hauteur, elle plane sur un pays de culture en blé, et sur d'excellens pâturages. Elle est entourée de canons, et le magasin à poudre est placé au milieu d'un bois qui la touche.

Dans l'intention sans doute de nous prémunir contre les dangers que nous pouvions courir à une telle élévation, on nous raconta dans cette forteresse plusieurs évènemens arrivés par suite d'imprudence : une nourrice et son enfant étaient tombés de trois cents pieds dans l'Elbe; on sauva l'enfant, mais la femme fut tuée. Le vent est si furieux sur cette hauteur, qu'un jour il enleva un soldat qui n'avait pas eu la précaution de quitter son manteau, et, par un bien heureux hasard, ce soldat ne se fit aucun mal. Une autre fois, un jeune page eut l'imprudence de s'endormir sur un roc qui n'a pas quatre pieds de large et tout au plus huit pieds de long. Heureusement ce jour-là l'électeur donnait à dîner à Kœnigstein; il aperçut l'étourdi qu'il fit lier avec des cordes, et rentrer par la fenêtre.

La vue que l'on découvre de cette belle forteresse est d'une immensité vraiment prodigieuse.

Étant très pressée de me rendre à Pétersbourg, j'allai directement de Dresde à Berlin, où je ne suis restée que cinq jours, car mon projet était d'y revenir et d'y séjourner à mon retour de Russie, pour y voir la charmante reine de Prusse.

Berlin, comme on sait, est une très belle ville,

mais pas assez peuplée pour sa grandeur, ce qui rend les rues un peu tristes; elle est traversée par la Sprée, qui va se jeter dans l'Èbre, et plusieurs édifices y sont très remarquables. Le palais du roi est superbe; celui du prince Henri est aussi fort beau. On en peut dire autant des bâtimens de l'arsenal et de l'église catholique qui a la forme de la rotonde, et d'un grand nombre de palais. La salle de la comédie se trouve placée entre deux églises. Les dehors de la salle de l'Opéra, qui est très grande, sont simples et d'une belle architecture.

La plus belle rue de Berlin a un mille de longueur. Elle est parfaitement alignée, et l'on trouve à son extrémité une porte ornée de huit colonnes, qui conduit à Charlottenbourg. Ce parc est magnifique, plus grand que le Prater et le Casino de Florence. On s'y promène à pied, à cheval et en voiture. En allant à cette belle promenade, on peut voir une charmante maison de plaisance du prince Ferdinand, qui se nomme *Belle-Vue*.

Charlottenbourg est un village à trois quarts

d'heure de chemin de Berlin. Le roi y possède un château superbe, dont les appartemens sont fort curieux. Quelques-uns sont modernes, d'autres gothiques, chinois, japonnais, et l'ordonnance de tous est de très bon goût. Le théâtre a quatre-vingt-trois pieds de profondeur. Il s'y trouve aussi quelques tableaux remarquables, entre autres un de Charlesbrun, qui représente une Vierge montant au ciel, dans lequel un des apôtres est le portrait du peintre.

J'ai admiré à Berlin une superbe collection de porcelaines. Le palais du roi renferme de fort beaux tableaux, un grand nombre de statues antiques, qui pour la plupart sont remarquables, et le lit de noce de plusieurs rois de Prusse. Mais ce qu'on y voit avec plus d'intérêt que toute autre chose, c'est la chambre du grand Frédéric. La mémoire de ce prince vous suit partout à Berlin et à Potsdam, où je suis allée aussi m'asseoir sur le banc où s'asseyait le grand capitaine. C'est de là qu'il jouissait de la plus belle vue du monde, en se livrant sans doute à ces hautes pensées qui importaient tant au sort de l'Europe.

Après avoir séjourné cinq jours à Berlin, je partis le 28 mai 1795 pour aller à Reinsberg, résidence du prince Henri, située à vingt lieues de la capitale. Nous fîmes cette route fort lentement, le chemin n'étant que sable. On cotoie plusieurs forêts et des plaines bien cultivées; en général, le Brandebourg a de belles campagnes jusqu'à Reinsberg. J'allais avoir la joie de retrouver la marquise de Sabran et le chevalier de Boufflers. C'était même sur une lettre que cette aimable femme m'avait adressée à Berlin, dans laquelle elle me disait que le prince Henri ne me pardonnerait point d'aller en Russie sans m'arrêter chez lui, que je m'étais décidée à ce petit voyage. J'eus tout lieu d'être persuadée que madame de Sabran m'avait dit vrai quand je vis le prince accourir au-devant de ma voiture pour me recevoir avec une bonté sans égale. Quoique je fusse en habit de voyage, il voulut me présenter aussitôt à ses parens et parentes (la famille Ferdinand), sans me donner le temps de faire ma toilette. Je crus m'apercevoir que les dames en étaient au moins étonnées; mais le bon prince se chargea de toutes les excuses, ce qui était d'autant plus juste, à dire vrai, qu'il était le seul coupable.

Le château est très bien situé, et divisé en deux parties, dont la famille Ferdinand habitait la plus grande. Le lendemain, le prince Henri me promena dans son parc, qui est immense et très beau. Par amour pour les braves guerriers qui combattaient avec lui dans la guerre de Sept-Ans, le prince y avait fait élever une énorme pyramide sur laquelle tous leurs noms sont inscrits. Un autre monument était un temple dédié à l'amitié, et couvert d'inscriptions en prose, aussi tristes qu'affectueuses, sur les amis qu'il avait perdus. Mais ce qui me toucha surtout, ce fut la vue d'une colonne, au bas de laquelle sont des vers en l'honneur du dévouement et de la mort généreuse de Malesherbes. Je n'aurais pas connu le cœur noble et bon du prince Henri, que ce trait me l'aurait fait connaître.

Le prince me fit faire aussi une charmante promenade sur son lac, au milieu duquel est une île qu'on prétend avoir été habitée par *Rémus* dont elle porte le nom.

La comtesse de Sabran, son fils et le chevalier de Boufflers étaient établis à Reinsberg; ils y sont encore restés très long-temps après mon départ. Le prince leur avait donné des terres, et le chevalier s'était fait cultivateur. On menait dans ce beau lieu la vie la plus douce et la plus agréable. Il y avait une troupe de comédiens français, qui appartenait au prince. On a donné pendant mon séjour quelques comédies assez bien jouées, et plusieurs concerts; car le maître avait conservé toute sa passion pour la musique.

Je ne puis dire combien j'étais triste de quitter cet excellent prince, que je ne devais, hélas! jamais revoir, et que je regretterai toute ma vie. L'accueil que j'en avais reçu, les bontés dont il m'avait comblée pendant mon séjour chez lui, tout me rendait cette séparation pénible. Ses attentions pour moi ne se ralentirent pas un instant, et dès que j'eus quitté Reinsberg, je fus touchée au dernier point, en découvrant la quantité de provisions qu'il avait fait mettre dans ma voiture, sachant que je ne trouverais rien jusqu'à Riga. On avait placé des comestibles et des bouteilles de vin dans les poches et dans les coffres; j'y trouvai de quoi nourrir tout un régiment prussien, et certes le bon prince dut être bien assuré que je ne mourrais pas d'inanition en route.

En quittant Reinsberg, nous prîmes le chemin de la Prusse qui conduit à Kœnigsberg. Les petites villes que l'on trouve en route sont très bien bâties; la plupart des campagnes sont fertiles; mais ce chemin si sablonneux me donnait bien de l'ennui. Nous ne pouvions faire qu'une poste en sept heures, ce qui m'a obligée souvent à marcher la nuit. Avant d'arriver de Mariaverde à Kœnigsberg, on voit la mer, et fort près du chemin, qui est très étroit, la Hafft. Je mis dix jours pour aller de Reinsberg à Kœnigsberg, d'où je repartis aussitôt pour Memel. Loin de s'améliorer, la route devient alors plus affreuse. Jour et nuit nous marchions dans des sables horribles, cotoyant la Hafft de si près que la moitié de la voiture était penchée dans cette rivière. Enfin j'arrivai à Riga, et je m'y reposai plusieurs jours en attendant nos passeports pour Pétersbourg.

CHAPITRE XV.

Péterhoff. — Pétersbourg. — Le comte d'Esterhazy.—Czarsko-zelo.—La grande-duchesse Elizabeth, femme d'Alexandre. —Catherine II. — Le comte Strogonoff. —Kaminostroff.— Esprit hospitalier des Russes.

J'entrai à Pétersbourg le 25 juillet 1795, par le chemin de Peterhoff, qui m'avait donné une idée avantageuse de la ville; car ce chemin est bordé des deux côtés par de charmantes maisons de campagne, entourées de jardins du meilleur goût dans le genre anglais. Les habitans ont tiré parti du terrain, qui est très marécageux, pour orner ces jardins, où se trouvent des kiosques, de jolis ponts, etc., par des canaux et des petites rivières qui les traversent. Il est malheureux qu'une humidité effroyable vienne le soir désenchanter tout cela; même avant le coucher du soleil, il s'élève un tel brouillard que l'on se croit entouré d'une épaisse fumée presque noire.

Toute magnifique que je me représentais Pétersbourg, je fus ravie par l'aspect de ses monumens, de ses beaux hôtels et de ses larges rues, dont une, que l'on nomme la Perspective, a une lieue de long. La belle Néva, si claire, si limpide, traverse la ville chargée de vaisseaux et de barques, qui vont et viennent sans cesse, ce qui anime cette belle cité d'une manière charmante. Les quais de la Néva sont en granit, ainsi que ceux de plusieurs grands canaux que Catherine a fait creuser dans l'intérieur de la ville. D'un côté de la rivière se trouvent de superbes monumens, celui de l'Académie des arts, celui de l'Académie des sciences et beaucoup d'autres encore, qui se reflètent dans la Néva. On ne peut rien voir de plus beau, au clair de lune, que les masses de ces majestueux édifices, qui ressemblent à des temples antiques. En tout, Pétersbourg me transportait au temps d'Agamemnon, tant par le grandiose de ses monumens que par le costume du peuple, qui rappelle celui de l'ancien âge.

Quoique j'aie parlé plus haut du clair de lune, ce n'est pas qu'à l'époque de mon arrivée il me fût possible d'en jouir; car au mois de juillet on n'a pas à Pétersbourg une heure de nuit; le soleil se couche vers dix heures et demie du soir; la brune dure jusqu'au crépuscule, qui commence vers minuit et demi, en sorte que l'on y voit toujours clair, et j'ai souvent soupé à onze heures avec le jour.

Mon premier soin fut de me reposer; car depuis Riga les chemins avaient été ce qu'on imagine de plus effroyables (1); de grosses pierres posées les unes sur les autres nous donnaient à chaque pas des secousses d'autant plus violentes, que ma voiture était une des plus

(1) L'empereur Alexandre a fait rétablir cette route depuis que j'ai quitté la Russie : elle est fort belle maintenant.

rudes du monde, et les auberges étant trop mauvaises sur cette route pour qu'il fût possible de s'y arrêter, nous avions marché de cahot en cahot jusqu'à Pétersbourg sans prendre de repos.

J'étais bien loin de me sentir remise de toutes mes fatigues, car je n'habitais Pétersbourg que depuis vingt-quatre heures, lorsqu'on m'annonça l'ambassadeur de France, le comte d'Esterhazy. Il me dit qu'il allait informer tout de suite l'impératrice de mon arrivée, et prendre en même temps ses ordres pour ma présentation. Un instant après, je reçus la visite du comte de Choiseul-Gouffier. Tout en causant avec lui, je lui témoignai le bonheur que j'aurais à voir cette grande Catherine; mais je ne lui dissimulai pas la peur et l'embarras que j'éprouverais lorsque je serais présentée à cette princesse si imposante. « Rassurez-vous, me répondit-il; lorsque vous verrez l'impératrice, vous serez étonnée de son air de bonhomie; car, ajouta-t-il, c'est vraiment une bonne femme. »

J'avoue que cette expression me surprit; je ne pouvais croire à sa justesse, d'après ce que j'avais entendu dire jusqu'alors. Il est vrai que le prince de Ligne, en nous faisant avec tant de charme la narration de son voyage en Crimée, nous avait conté plusieurs choses qui prouvaient que cette grande princesse avait autant de grâce que de simplicité dans ses manières; mais une *bonne femme*, on en conviendra, n'était pas le mot propre.

Quoi qu'il en soit, le soir même, M. d'Esterhazy, en revenant de Czarskozelo, où l'impératrice était établie, vint me prévenir que Sa Majesté me recevrait le lendemain à une heure. Une présentation aussi prompte, que je n'avais pas espérée, me jeta dans un extrême embarras; je n'avais que des robes de mousseline très simples, n'en portant point d'autres habituellement, et il était impossible de faire faire une robe parée du jour au lendemain. M. d'Esterhazy m'avait dit qu'il viendrait me prendre à dix heures précises, pour me mener déjeuner avec sa femme, qui habitait aussi Czarskozelo, en sorte que, lorsqu'il arriva à l'heure indiquée, je partis assez inquiète de ma toilette, qui vraiment n'était pas une toilette de cour. En entrant chez madame d'Esterhazy, en effet, je remarquai bien son étonnement. Toute sa politesse ne put l'empêcher de me dire : « Madame, est-ce que vous n'avez pas apporté une autre robe ? » Je devins cramoisie, et j'expliquai comment le temps m'avait manqué pour me faire faire une robe plus convenable. Son air mécontent de moi redoubla mon anxiété, au point que j'eus besoin de m'armer de tout mon courage quand le moment d'aller chez l'impératrice arriva.

M. d'Esterhazy me donnait le bras, et nous traversions une partie du parc, lorsqu'à la fenêtre d'un rez-de-chaussé j'aperçus une jeune personne qui arrosait un pot d'œillets. Elle avait dix-sept ans au plus ; ses traits étaient fins et réguliers, et son ovale parfait ; son beau teint n'était pas animé, mais d'une pâleur tout-à-fait en harmonie avec l'expression de son visage, dont la douceur était angélique. Ses cheveux blond cendré flottaient sur son cou, sur son front. Elle était vêtue d'une tunique blanche, attachée par une ceinture nouée négligemment autour d'une taille fine et souple comme celle d'une nymphe. Telle que je viens de la peindre, elle se détachait sur le fond de son appartement, orné de colonnes, et drapé en gaze rose et argent, d'une manière si ravissante que je m'écriai : C'est Psyché! C'était la princesse Élisabeth, femme d'Alexandre. Elle m'adressa la parole, et me retint assez long-temps pour me dire mille choses flatteuses; puis elle ajouta : — « Il y a bien long-temps, madame, que nous vous désirions ici, au point que j'ai rêvé souvent que vous y étiez arrivée. » Je la quittai à regret, et j'ai toujours conservé le souvenir de cette charmante apparition.

J'arrivai chez l'impératrice un peu tremblante, et me voilà tête à tête avec l'autocrate de toutes les Russies. M. d'Esterhazy m'avait dit qu'il fallait lui baiser la main, et conséquemment à cet usage elle avait ôté un de ses gants, ce qui aurait dû me le rappeler; mais je l'oubliai complètement. Il est vrai que l'aspect de cette femme si célèbre me faisait une telle impression, qu'il m'était impossible de songer à autre chose qu'à la contempler. J'étais d'abord extrêmement étonnée de la trouver très petite ; je me l'étais figurée d'une grandeur prodigieuse, aussi haute que sa renommée. Elle était fort grasse, mais elle avait encore un beau visage, que ses cheveux blancs et relevés encadraient à merveille. Le génie paraissait siéger sur son front large et très élevé. Ses yeux étaient doux et fins, son nez tout-à-fait grec, son teint fort animé, et sa physionomie très mobile.

Elle me dit aussitôt avec un son de voix plein de douceur, un peu gras pourtant : « Je suis charmée, madame, de vous recevoir ici ; votre réputation vous avait devancée. J'aime beaucoup les arts, et surtout la peinture. Je ne suis pas connaisseur, mais amateur. » Tout ce qu'elle ajouta pendant cet entretien, qui fut assez long, sur le désir qu'elle avait que je pusse me plaire assez en Russie pour y rester long-temps, portait le caractére d'une si grande bienveillance, que ma timidité disparut, et lorsque je pris congé, j'étais entièrement rassurée. Seulement je ne me pardonnais pas de n'avoir pas baisé sa main, qui était très belle et très blanche, d'autant plus que M. d'Esterhazy m'en fit des reproches. Quant à ma toilette, elle ne me parut pas y faire la moindre attention, ou peut-être était-elle moins difficile sous ce rapport que notre ambassadrice.

Je parcourus une partie des jardins de Czarskozelo, qui sont une vraie féerie. L'impératrice y avait une terrasse qui communiquait à ses appartemens, sur laquelle elle entretenait une grande quantité d'oiseaux; on me dit que tous les matins elle venait leur donner la béquée, et que c'était un de ses grands plaisirs.

Tout de suite après m'avoir reçue, Sa Majesté témoigna l'intention de me faire passer l'été dans cette belle campagne. Elle commanda aux maréchaux-des-logis (dont l'un était le vieux prince Bariatinski) de me donner un appartement dans le château, désirant m'avoir, près d'elle afin de me voir peindre. Mais j'ai su depuis que ces Messieurs ne se souciè-rent nullement de me placer aussi près de l'impératrice; et malgré ses ordres réitérés, ils soutinrent toujours qu'ils n'avaient aucun logement disponible. Ce qui me surprit au dernier point, lorsqu'on m'instruisit de ce détail, c'est qu'on me dit que ces courtisans, me croyant du parti du comte d'Artois, craignaient que je ne fusse venue pour faire remplacer M. d'Esterhazy par un autre ambassadeur. Il est vraisemblable que M. d'Esterhazy s'entendait de tout cela avec eux; mais certes, il fallait bien peu me connaître pour ne pas savoir que j'étais trop occupée de mon art pour pouvoir donner du temps à des affaires politiques, lors même que je n'aurais pas eu l'aversion que j'ai toujours ressentie pour tout ce qui ressemble à l'intrigue. Au reste, à part l'honneur de me trouver logée chez la souveraine, et le plaisir d'habiter un aussi beau lieu, tout était gêne et contrariété pour moi dans un établissement à Czarskozelo. J'ai toujours eu le plus grand besoin de jouir de ma liberté, et, pour vivre selon mon goût, j'aimais infiniment mieux loger chez moi.

L'accueil que je recevais en Russie, d'ailleurs, était bien fait pour me consoler d'une petite tracasserie de cour. Je ne saurais dire avec quel empressement, avec quelle bienveillance affectueuse, un étranger se voit recherché dans ce pays, surtout s'il possède quelque talent. Mes lettres de recommandation me devinrent tout-à-fait inutiles; non seulement je fus aussitôt invitée à passer ma vie dans les meilleures et les plus agréables maisons, mais je retrouvais à Pétersbourg plusieurs anciennes connaissances, et même d'anciens amis. D'abord le comte de Strogonoff, véritable amateur des arts, dont j'avais fait le portrait à Paris, dans ma très grande jeunesse. Nous nous revîmes tous deux avec un plaisir extrême. Il possédait à Pétersbourg une superbe collection de tableaux, et près de la ville, à Kaminostroff, un charmant cazin à l'italienne, où il donnait tous les dimanches un grand dîner. Il vint me chercher pour m'y conduire, et je fus enchantée de cette habitation : le cazin donnait sur le grand chemin, et des fenêtres on voyait la Néva. Le jardin, dont on n'apercevait pas les limites, était dans le genre anglais. Une quantité de barques arrivaient de tout côté, amenant du monde qui descendait chez le comte Strogonoff; car beaucoup de personnes, qui n'étaient point du dîner, venaient se promener dans le parc. Le comte permettait aussi à des marchands de s'y installer avec leurs boutiques, ce qui animait ce beau lieu par une foire amusante, attendu que les costumes des divers pays voisins étaient pittoresques et variés.

Vers les trois heures, nous montâmes sur une terrasse couverte et entourée de colonnes, où le jour arrivait de toute part. D'un côté, nous jouissions de la vue du parc, et de l'autre, de celle de la Néva, chargée de mille barques plus ou moins élégantes. Il faisait le plus beau temps du monde; car l'été est superbe en Russie, où souvent au mois de juillet j'ai eu plus chaud qu'en Italie. Nous dînâmes sur cette même terrasse, et le dîner fut splendide, au point que l'on nous servit au dessert des fruits magnifiques et d'excellens melons, ce qui me parut devoir être un grand luxe. Dès que nous fûmes à table, une musique d'instrumens à vent délicieuse se fit entendre. Elle exécuta surtout l'ouverture d'*Iphigénie* d'une manière ravissante. Aussi fus-je bien surprise quand le comte Strogonoff me dit que chacun des musiciens ne donnait qu'une note ; il m'était impossible de concevoir comment tous ces sons particuliers arrivaient à former un ensemble vraiment parfait, et comment l'expression pouvait naître d'une exécution aussi machinale.

Après le dîner, nous fîmes une promenade charmante dans le parc; puis, vers le soir, nous remontâmes sur la terrasse d'où nous vîmes tirer, dès que la nuit fut venue, un très beau feu d'artifice que le comte avait fait préparer. Ce feu, répété dans les eaux de la Néva, était d'un effet magique. Enfin, pour terminer les plaisirs de cette journée, arrivèrent, dans deux petits bateaux très étroits, des Indiens qui se mirent à danser devant nous. Cette danse consistait à faire de si légers mouvemens sans bouger de place, qu'elle nous divertit beaucoup.

La maison du comte de Strogonoff était bien loin d'être la seule qui fût tenue avec autant de magnificence. A Pétersbourg comme à Moscou, une foule, de seigneurs qui possèdent des fortunes colossales, se plaisent à tenir table ouverte, au point qu'un étranger connu, ou bien recommandé, n'a jamais besoin d'avoir recours au restaurateur (1). Il trouve partout un dîner, un souper, il n'a que l'embarras du choix. J'ai eu toute la peine possible à me dispenser d'aller souvent dîner en ville ; mes séances, et le besoin que j'ai de dormir en sortant de table, pouvaient seuls me faire pardonner mes refus, tant les Russes sont enchantés que l'on vienne dîner chez eux.

(1) Dans les derniers temps de mon séjour à Pétersbourg, le prince Naricbskin, grand écuyer, tenait constamment une table ouverte de vingt-cinq à trente couverts pour les étrangers.

Ce caractère hospitalier existe aussi dans l'intérieur de la Russie où la civilisation moderne n'a point encore pénétré. Lorsque les seigneurs russes vont visiter leurs terres, qui généralement sont situées à de grandes distances de la capitale, ils s'arrêtent en chemin dans les châteaux de leurs compatriotes, où, sans être connus personnellement du maître de la maison, eux, leurs gens et leurs bêtes sont reçus et traités à merveille, quand ils devraient y rester un mois. De plus, j'ai vu un voyageur qui venait de parcourir ce vaste pays avec deux de ses amis. Tous les trois avaient traversé les provinces les plus reculées ainsi qu'on aurait pu le faire dans l'âge d'or, au temps des patriarches. Partout on les avait logés et nourris avec tant de bonté que leur bourse était devenue inutile. Ils ne parvenaient seulement pas à faire accepter le pour-boire aux gens qui les avaient servis et qui avaient soigné leurs chevaux. Leurs hôtes, qui pour la plupart étaient des négocians ou des cultivateurs, s'étonnaient beaucoup de la vivacité de leurs remerciemens. « Si nous étions dans votre pays, disaient-ils, bien certainement vous en feriez autant pour nous. » Hélas !

CHAPITRE XVI.

Le comte de Cobentzel. — La princesse Dolgorouki. — Les tableaux vivans. — Potemkin. — Madame de With. — Je suis volée. — Doyen. — M. de L***.

Je profitais du reste de la belle saison pour courir un peu les campagnes; car l'été finit en Russie au mois d'août et il n'y a point d'automne. J'allais souvent me promener à Czarkozelo, dont le parc, bordé par la mer, est une des belles choses qu'on puisse voir. Il est rempli de monumens que l'impératrice appelait ses caprices. On y voit un superbe pont de marbre dans le style du Palladio; des bains turcs, trophées des victoires de Romazoff et d'Orloff; un temple à trente-deux colonnes, puis la colonnade et le grand escalier d'Hercule. Ce parc a des allées d'arbres superbes. En face du château est un long et large gazon au bout duquel se trouve une cerisaie où je me souviens d'avoir mangé des cerises excellentes.

Le comte de Cobentzel désirait beaucoup me faire faire connaissance avec une femme dont j'avais entendu vanter l'esprit et la beauté, la princesse Dolgorouki. Je reçus d'elle un billet d'invitation pour aller dîner à Alexandrowski où elle avait une maison de campagne, et le comte vint me prendre pour m'y conduire avec ma fille. Cette maison fort grande était meublée sans aucune recherche; mais la rivière terminait le jardin, et c'était un grand plaisir pour moi que la vue de ce passage continuel de barques, dans lesquelles les rameurs chantaient en chœur. Les chants du peuple russe ont une originalité un peu barbare ; mais ils sont mélancoliques et mélodieux.

La beauté de la princesse Dolgorouki me frappa. Ses traits avaient tout le caractère grec mêlé de quelque chose de juif, surtout de profil. Ses longs cheveux châtain foncé, relevés négligemment, tombaient sur ses épaules ; sa taille était admirable, et toute sa personne avait à la fois de la noblesse et de la grâce sans aucune affectation. Elle me reçut avec tant d'amabilité et de distinction, que je cédai volontiers à la demande qu'elle me fit de rester huit jours chez elle. L'aimable princesse Kourakin, avec qui je fis connaissance alors, était établie dans cette maison, où ces deux dames et le comte de Cobentzel faisaient ménage commun. La société était fort nombreuse, et personne ne songeait à autre chose qu'à s'amuser. Après dîner nous faisions des promenades charmantes dans des barques fort élégantes, ornées de rideaux de velours cramoisi à crépines d'or. Des musiciens nous devançaient dans une barque plus simple, nous charmant par leur chant, car ce chant était toujours d'une justesse parfaite, même dans les sons les plus élevés. Le jour de mon arrivée nous eûmes de la musique le soir, et le lendemain un spectacle charmant. On donna *le Souterrain* de Dalayrac. La princesse Dolgorouki jouait le rôle de Camille; le jeune de la Ribaussière (1) celui de l'enfant, et le comte de Cobentzel celui du jardinier. Je me souviens que pendant la représentation, un courrier arriva de Vienne, chargé de dépêches pour le comte, qui était ambassadeur d'Autriche à Pétersbourg, et qu'à la vue d'un homme costumé en jardinier, il ne voulait pas lui remettre ses dépêches, ce qui éleva dans la coulisse une contestation fort plaisante.

Le petit théâtre était charmant, je voulus en profiter pour composer des tableaux vivans. Il nous arrivait sans cesse du monde de Pétersbourg; je choisissais mes personnages entre les plus beaux hommes et les plus belles femmes, et je les costumais en les drapant

1. Celui qui depuis a été ministre en Russie.

avec des schals de cachemire que nous avions
à profusion. Je préférais les sujets graves ou
ceux de la Bible à tout autre. Je représentai
aussi de souvenir plusieurs tableaux connus,
tels que la famille de Darius, qui réussit à
merveille; mais celui qui obtint le plus grand
succès fut celui d'Achille à la cour de Lyco-
mède; je me chargeai du personnage d'Achille,
car le plus souvent je m'habillais de manière
qu'un casque et un bouclier suffirent pour me
composer un costume fort exact. Les tableaux
vivans amusaient extrêmement la société.
L'hiver suivant ils servirent à varier les diver-
tissemens du soir dans les salons de Pétersbourg. Chacun voulait s'y trouver placé, et je
me voyais forcée de contrarier quelques dames
qui désiraient beaucoup être en *exhibition*.

Au bout de huit jours qui ne m'avaient paru
qu'un moment, il me fallut, à mon grand regret, quitter la maison de la très aimable princesse Dolgorouki; car j'avais pris une foule
d'engagemens pour des portraits à faire. Toutefois, je venais de former à Alexandrowski plu-

sieurs liaisons qui me furent infiniment agréables pendant tout mon séjour en Russie.

Le comte de Cobentzel était passionnément amoureux de la princesse Dolgorouki, sans qu'elle répondît le moins du monde à son amour; mais l'insouciance avec laquelle elle recevait ses soins ne parvenait point à l'éloigner, et, comme dit une chanson, il préférait ses rigueurs à toutes les faveurs des autres femmes. Ne pouvant espérer d'autre bonheur que celui de la voir, il voulait au moins jouir de celui-là dans toute sa latitude : soit à la campagne, soit à la ville, il ne la quittait jamais. Dès que ses dépêches, qu'il faisait avec une grande facilité, étaient expédiées, il volait chez elle, et s'était complètement fait son esclave. On le voyait courir au moindre mot, au moindre geste de sa divinité. Voulait-on jouer la comédie, il prenait le rôle qu'elle lui donnait, même lorsque ce rôle ne convenait point du tout à son physique. Car le comte de Cobentzel, qui paraissait avoir cinquante ans, était fort laid et louchait horriblement. Il était assez grand, mais très gros, ce qui ne l'empêchait pas d'être fort actif, surtout lorsqu'il s'agissait d'exécuter les ordres de sa bien-aimée princesse. Au reste il avait de l'esprit, il était habile; sa conversation était animée par mille anecdotes qu'il racontait à merveille, et je l'ai toujours connu pour le meilleur et le plus obligeant des hommes.

Ce qui pouvait donner à la princesse Dolgorouki de l'indifférence pour les soins de M. de Cobentzel comme pour ceux de beaucoup d'autres adorateurs, c'est qu'elle en avait reçu de si brillans, que les souverains les plus épris d'une femme n'en avaient jamais rendu de pareils. Le fameux Potemkin, celui qui voulait que l'on rayât le mot *impossible* de la grammaire, l'avait aimée passionnément, et la magnificence avec laquelle il lui témoignait son amour surpasse tout ce que nous lisons dans les *Mille et une Nuits*. Lorsqu'en 1791, après avoir fait son voyage en Crimée, l'Impératrice retourna à Pétersbourg, le prince Potemkin resta pour commander l'armée où plusieurs généraux avaient amené leurs femmes. Ce fut alors qu'il eut occasion de connaître la princesse Dolgorouki. Elle se nommait aussi Catherine, et le jour de cette fête arrivé, le prince donna un grand dîner, soi-disant en l'honneur de l'Impératrice. Il avait placé la princesse à table à côté de lui. Au dessert on apporta des coupes de cristal remplies de diamans que l'on servit aux dames à pleines cuillerées. La reine du festin paraissant remarquer cette magnificence : — « Puisque c'est vous que je fête, lui dit-il tout bas, comment vous étonnez-vous de quelque chose ? » Rien ne lui coûtait pour satisfaire un désir, un caprice de cette femme adorée. Ayant appris qu'elle manquait de souliers de bal, qu'habituellement elle faisait venir de France, Potemkin fit partir pour Paris un exprès, qui courut jour et nuit et rapporta des souliers. Une chose qui était bien connue aussi de tout Pétersbourg, c'est que, pour offrir à la princesse Dolgorouki un spectacle qu'elle désirait voir, il avait fait donner l'assaut à la forteresse d'Otshakoff plus tôt qu'il n'était convenu, et peut-être qu'il n'était prudent de le faire.

Lorsque j'arrivai à Pétersbourg il y avait déjà plusieurs années que le prince Potemkin était mort ; mais on y parlait encore de lui comme d'un enchanteur. On peut prendre une idée de ce qu'il avait d'extraordinaire et de grandiose dans l'imagination, en lisant ce qu'ont écrit le prince de Ligne et le comte de Ségur du voyage qu'il fit faire à l'impératrice en Crimée. Ces palais, ces villages en bois, bâtis sur toute la route comme par un coup de baguette ; cette immense forêt qu'il brûle pour donner un feu d'artifice à Sa Majesté, tout ce voyage enfin, a quelque chose de fantastique. Sa nièce, la comtesse Scawronski, me disait à Vienne : « Si mon oncle vous avait connue, il vous aurait comblée d'honneurs et de richesses. » Il est certain qu'en toute occasion cet homme si célèbre se montrait généreux jusqu'à la prodigalité, magnifique jusqu'à la folie. Tous ses goûts étaient dispendieux, toutes ses habitudes royales, au point qu'ayant possédé une fortune qui dépassait celle de certains souverains, le prince de Ligne m'a dit l'avoir vu quelquefois sans argent.

La faveur, la puissance, avaient habitué le prince Potemkin à satisfaire aussitôt ses plus légères volontés. On cite un trait qui le prouve admirablement. Comme on parlait un jour chez lui de la grandeur d'un de ses aïdes-de-camp, il dit qu'un officier de l'armée russe, qu'il nomma, était encore d'une plus haute taille. Tous ceux qui connaissaient cet officier n'en étant pas convenus, il fit partir aussitôt un exprès avec ordre d'amener ce militaire, qui se trouvait alors à huit cents lieues de là. Lorsque celui-ci apprit qu'on venait le chercher de la part du prince, sa joie fut extrême; car il se persuada qu'il venait d'être nommé à quelque grade supérieur. On peut donc imaginer son désappointement, quand à son arrivée au camp, on le fit se mesurer avec l'aide-de-camp de Potemkin, après quoi il fallut s'en retourner bien tristement, le tout n'ayant d'autre résultat pour lui que la fatigue d'un aussi long voyage.

On sent bien que l'homme qu'une si longue faveur avait accoutumé pour ainsi dire à régner à côté de la souveraine, ne pouvait survivre à la pensée d'une disgrâce. Lorsqu'on lui écrivit que le nouveau favori (le jeune Platon Zouboff) paraissait prendre un empire absolu sur l'esprit de l'impératrice, il se hâta de quitter l'armée pour voler à Pétersbourg. Comme il y arrivait, Catherine venait d'envoyer au prince Repnin, qui le remplaçait dans le commandement des troupes, l'ordre de traiter de la paix, à laquelle Potemkin s'était toujours opposé. Irrité autant qu'on peut l'être, il repart à l'instant dans l'espoir d'arrêter la signature; mais c'est pour apprendre à Iassy que la paix était conclue. Cette nouvelle lui porta le coup fatal; déjà souffrant, il tomba mortellement malade, ce qui ne l'empêcha pas de se remettre aussitôt en route pour Pétersbourg. En peu d'heures, son mal fit de tels progrès, qu'il lui devint impossible de supporter le mouvement de la voiture ; on l'étendit sur un pré, couvert de son manteau, et là, Potemkin rendit le dernier soupir, le 15 octobre 1791, dans les bras de la comtesse Branitska, sa nièce. Je n'ai jamais oublié qu'un jour, que je demandais à une vieille princesse Galitzin, qui parlait fort mal français, comment était mort cet homme si célèbre. Elle me répondit : « Hélas, ma chère ! ce « grand prince qui avait tant de diamans, tant « d'or, est mort sur l'herbette. »

La princesse Dolgorouki n'a pas été la seule beauté dont le prince se soit montré épris. On l'a vu aussi éperduement amoureux d'une charmante Polonaise, nommée d'abord madame de With, et mariée depuis à un Potoski, pour laquelle il déploya de même tout ce que la galanterie a de plus recherché. Entre plusieurs traits de magnificence, on cite que, voulant lui faire accepter un cachemire de fort grand prix, il imagina de donner une fête où se trouvaient deux cents femmes, et fit tirer après le dîner une loterie à laquelle toutes ces dames gagnèrent chacune un cachemire, trop heureux qu'il était de faire tomber à ce prix le plus beau shall dans les mains de la plus belle. Long-temps avant cette époque, j'avais vu madame de With à Paris, elle était alors extrêment jeune et aussi jolie qu'on puisse l'être, mais passablement vaine de sa charmante figure. J'ai entendu conter que, comme on lui parlait sans cesse de ses beaux yeux, quelqu'un s'informant de sa santé, un jour qu'ils étaient un peu enflammés, elle répondit naïvement : « J'ai mal à mes beaux yeux. » Il est possible, à la vérité, qu'elle ne sut pas très bien notre langue, quoique en général toutes les Polonaises parlent le français à merveille, et même sans aucun accent.

Sous le rapport de la fortune, les premiers temps de mon séjour en Russie ne furent point heureux pour moi. On peut en prendre une idée par la copie d'une lettre que j'écrivais à madame Vigée, ma belle-sœur, moins de deux mois après mon arrivée.

Pétersbourg, ce 10 septembre.

Il faut bien, ma chère Suzette, que je te mette au courant de tous mes soucis et tribulations. Je suis installée dans un appartement qui me convient assez, attendu que j'y ai un fort bel atelier; mais il est très humide, la maison n'étant bâtie que depuis trois ans, et n'ayant pas encore été habitée, ce qui me fait prévoir un déménagement pour la fin de la belle saison. Cette contrariété, à laquelle je devrais être habituée, n'est malheureusement pas la seule. Entre autres qui l'accompagnent, il vient de m'arriver un évènement qui m'a donné beaucoup de tracas. Peu de temps après mon arrivée, je fus invitée à passer la soirée chez la princesse Menzicoff, où l'on donnait un très joli spectacle. En revenant chez moi vers une heure du matin, je trouve sur mon escalier la gouvernante de ma fille, toute effarée et toute pâle : « Ah! madame, s'écria-t-elle, vous venez d'être volée de tout votre argent!» Tu sens

bien que je fus fort saisie. Puis, elle me conte
que mon petit domestique allemand avait fait
ce mauvais coup; qu'on avait trouvé sous son
lit et sur lui des paquets de mon or; qu'il en
avait même jeté un peu sur l'escalier, afin de
faire croire que le petit Russe était le voleur;
enfin, qu'il venait d'être emmené par les gens
de la police, qui, après avoir compté les pièces,
les avaient emportées comme preuve du délit.
Je commençai par dire à madame Charrot
qu'elle avait eu grand tort de laisser emporter
mes pièces d'or, et j'avais bien raison; car
maintenant que l'affaire est finie, on m'a bien
rendu le nombre de ces pièces, mais non leur
valeur : j'avais des Doppio, des quadruples de
Vienne, pour lesquels on ne m'a donné que de
mauvais ducats, en sorte que j'ai perdu tout
juste la moitié de trente mille cinq cents livres.
Cependant, ce n'était pas cela qui m'inquiétait
le plus alors, c'était ce malheureux enfant,
qui, selon la loi du pays, allait être pendu. Il
est fils des concierges de ce couvent de Caltemberg, que le prince de Ligne m'a prêté à Vienne.

L'homme et la femme sont les plus honnêtes gens du monde, ils ont eu mille soins de moi, en sorte que je ne pouvais supporter l'idée de voir pendre leur fils. Je courus chez le gouverneur, et je le suppliai de sauver ce misérable jeune homme en le faisant partir sans bruit. Mais le comte Samœloff ne voulut pas céder à mes instances, disant que l'impératrice était instruite du vol, et qu'elle en était outrée. Je ne puis te dire ce qu'il m'en a coûté de prières, de démarches, pour obtenir enfin la certitude qu'on le ferait partir par mer, ce qui fut exécuté.

Pour en revenir à mes quinze mille francs, je les regrette d'autant plus que je viens d'en perdre quarante-cinq mille d'un autre côté; Voici comment : pendant le premier mois de mon séjour ici, j'avais gagné quinze mille roubles (1). On m'a conseillé de les placer aussitôt chez un banquier qui me paraissait un fort honnête homme. Cet onnête homme vient de

---

(1) Le rouble valait trois francs.

faire banqueroute, et je n'aurai rien de mes quinze mille roubles. Tu dois reconnaître là cette destinée que tu sais? Il m'a été impossible jusqu'ici de conserver la moindre chose de ce que je gagne; j'attends avec résignation un temps plus heureux.

Pour changer de discours, je te dirai que je viens de voir mon plus ancien ami, Doyen le peintre, si bon, si spirituel! l'impératrice l'aime beaucoup. Elle est venue à son secours; car il a émigré sans aucune fortune, n'ayant laissé en France qu'une maison de campagne qu'on lui a prise. Il a sa place au spectacle tout près de la loge de l'impératrice, qui, m'a-t-on dit, cause souvent avec lui.

J'ai retrouvé aussi avec plaisir la baronne de Strogonoff, que je voyais beaucoup à Vienne, où j'ai fait son portrait et celui de son mari. Il vient de m'arriver chez elle une petite aventure que je veux te conter parce qu'elle te fera rire. Il faut te dire qu'un jour à Vienne, pendant qu'elle me donnait séance, elle me parla de ce souper grec, dont tu peux te souvenir, en ajoutant le plus simplement du monde qu'elle savait que ce souper m'avait coûté soixante mille francs. Je fis un grand saut sur ma chaise en entendant cela, puis je me pressai de lui conter tous les détails de la chose, et de lui prouver que j'avais dépensé quinze francs. — Vous m'étonnez bien, me dit-elle quand elle fut persuadée que je disais vrai; car à Pétersbourg, nous tenions le fait d'un de vos compatriotes, monsieur de L***, qui se dit fort lié avec vous, et qui prétend avoir été un des convives. Je répondis, ce qui était exact, que je ne connaissais M. de L*** que de nom, et nous n'en parlâmes plus alors.

Peu de jours après mon arrivée à Pétersbourg, où certainement M. de L*** n'avait pas cru que je viendrais jamais, la baronne de Strogonoff fut indisposée ; j'allai la voir, et comme j'étais assise auprès de son lit, on annonça M. de L*** ; vite, je me cache derrière les rideaux, on fait entrer le personnage, et la baronne lui dit : — Eh bien ! vous devez être bien content ; car madame Lebrun vient d'arriver ? Puis avec malice elle veut le ramener sur ses liaisons avec moi, et sur le souper grec. Mon homme alors commence à balbutier, la baronne le poussant toujours de questions, lorsque enfin je me montre; je vais à lui : « Monsieur, lui dis-je, vous connaissez donc beaucoup madame Lebrun? Il est forcé de répondre que oui. — Voilà qui est bien étrange, repris-je, car c'est moi, Monsieur, qui suis madame Lebrun, celle que vous avez calomniée, et je vous rencontre aujourd'hui pour la première fois de ma vie. » A ces mots il fut saisi au point que ses jambes tremblaient sous lui. Il prit son chapeau, sortit, et depuis on ne l'a point revu ; car il a été consigné à la porte des meilleures maisons.

Une chose, triste c'est de remarquer, ainsi que j'ai pu le faire trop souvent, que dans un pays étranger, des Français seuls sont capables de chercher à nuire à leurs compatriotes, même en employant la calomnie. Partout, au contraire, on voit les Anglais, les Allemands, les Italiens, se soutenir et s'appuyer entre eux mutuellement.

Adieu, ma bonne Suzette, je t'embrasse et je t'aime de tout mon cœur. J'embrasse aussi mon frère, et ta chère petite, qui est si jolie et si intéressante.

CHAPITRE XVII.

Je peins les deux jeunes grandes-duchesses, filles de Paul. — Platon Zouboff. — La grande duchesse Élisabeth. — La grande duchesse Anne, femme de Constantin. — Madame Narischkin. — Un bal à la cour. — Un gala. — Les dîners à Pétersbourg.

———

Ainsi que je l'avais prévu, je ne tardai pas à déménager, et j'allai loger sur la grande place du palais impérial. Quand l'impératrice fut rentrée en ville, je la voyais tous les matins ouvrir un *vasistas*, et jeter de la mie de pain à des centaines de corbeaux qui chaque jour, à l'heure fixe, venaient chercher leur pitance.

Le soir, vers les dix heures, quand ses salons étaient illuminés, je la voyais encore faire venir ses petits enfans et quelques personnes de sa cour, pour jouer avec eux à la main-chaude ou à cache-cache.

Dès que Sa Majesté fut de retour de Czarkozelo, le comte de Strogonoff vint me commander, de sa part, les portraits des deux grandes-duchesses Alexandrine et Hélène. Ces princesses pouvaient avoir treize ou quatorze ans, et leurs visages étaient célestes, bien qu'avec des expressions toutes différentes. Leur teint surtout était si fin et si délicat qu'on aurait pu croire qu'elles vivaient d'ambroisie. L'aînée, Alexandrine, avait la beauté grecque, elle ressemblait beaucoup à Alexandre; mais la figure de la cadette, Hélène, avait infiniment plus de finesse. Je les avais groupées ensemble, tenant et regardant le portrait de l'impératrice; le costume était un peu grec, mais très modeste. Je fus donc assez surprise quand Zouboff, le favori, me fit dire que Sa Majesté était scandalisée de la manière dont j'avais costumé les deux grandes-duchesses dans mon tableau. Je crus tellement à ce mauvais propos, que je me hâtai de remplacer mes tuniques par les robes que portaient les princesses, et de couvrir les bras de tristes amadis (1). La vérité est que l'impératrice n'avait rien dit; car elle eut la bonté de m'en assurer la première fois que je la revis. Je n'en avais pas moins gâté l'ensemble de mon tableau, sans compter que les jolis bras que j'avais faits de mon mieux, ne s'y voyaient plus. Je me souviens que Paul, devenu empereur, me fit un jour des reproches d'avoir changé le costume que j'avais d'abord donné à ses deux filles. Je lui racontai alors comment la chose s'était passée, sur quoi, il leva les épaules en disant : « C'est un tour que l'on vous a joué. » Au reste, ce ne fut point le seul, car Zouboff ne m'aimait pas. Sa malveillance pour moi me fut encore prouvée dans une autre occasion. Voici comment. On venait en foule chez moi voir les portraits des grandes-duchesses et mes autres ouvrages. Comme je

---

(1) On appelait ainsi alors les manches longues.

ne voulais point perdre toutes mes matinées, j'avais fixé le dimanche matin pour ouvrir mon atelier, ainsi que je l'ai toujours fait dans les divers pays que j'ai habités. J'ai déjà dit que j'étais logée en face du palais, en sorte que les voitures de toutes les personnes qui venaient de faire leur cour à l'impératrice tournaient pour venir aussitôt s'arrêter à ma porte. Zouboff, qui ne pouvait concevoir, apparemment, que la foule se portât chez un peintre pour y voir des tableaux, dit un jour à Sa Majesté : « Voyez, madame, on va aussi faire sa cour à madame Lebrun; ce sont sûrement des rendez-vous que l'on se donne chez elle. » Heureusement pour moi, la petitesse glissa sur l'esprit élevé auquel elle s'adressait, et l'impératrice ne fit pas plus d'attention à ce qu'il y avait d'inconvenant ou de perfide dans ces paroles de son favori; mais le prince de Nassau, qui les entendit, vint me les rapporter tout de suite, et il en était indigné.

Pourquoi Zouboff ne m'aimait pas, c'est ce que je n'ai jamais pu savoir au juste. A la vérité, il s'était fait le protecteur de Lampi, peintre habile pour les portraits, que j'avais trouvé établi à Pétersbourg; mais Lampi lui-même a toujours été fort bien pour moi. Le lendemain de mon arrivée, il vint me faire une visite et m'engager à dîner chez lui. Je me souviens même que ce dîner fut très recherché, et que pendant tout le repas, nous fûmes réjouis par une excellente musique d'harmonie. Quoiqu'on m'eût assuré d'abord que j'exciterais la jalousie de Lampi, j'ai su depuis au contraire, d'une manière certaine, qu'il louait mes ouvrages, au point de dire, en voyant les mains d'un portrait que j'avais fait du baron de Strogonoff, qu'il ne pourrait pas faire aussi bien.

Il se peut aussi que le favori fût mal disposé pour moi, parce que je ne parus jamais rechercher sa faveur. J'avais même négligé pendant six de mois de porter une lettre de recommandation que j'avais pour sa sœur. Zouboff aimait que l'on recherchât son appui; mais un orgueil que je ne crois pas blâmable m'a toujours fait craindre que l'on pût attribuer à la protection les succès que je désirais obtenir; soit à tort, soit à raison, je n'ai jamais voulu devoir qu'à ma palette ma réputation et ma fortune. Zouboff devait avoir peine à comprendre une pareille façon d'agir, lui qui voyait toute une cour à ses pieds. Enivré de sa faveur qui de plus en plus devenait éclatante, on m'a dit qu'il traitait souvent avec une extrême insolence les ministres et les seigneurs. Dès le matin, les plus grands personnages de la cour attendaient dans ses antichambres l'instant où sa porte s'ouvrait; car il avait un *lever*, comme Louis XIV, après lequel on se retirait, heureux d'avoir assisté à la toilette de Platon Zouboff, surtout s'il vous avait honoré d'un sourire.

Dès que j'eus fini les portraits des jeunes grandes-duchesses, l'impératrice me commanda celui de la grande-duchesse Elisabeth, mariée depuis peu à Alexandre. J'ai déjà dit quelle ravissante personne était cette princesse; j'aurais bien voulu ne point représenter sous un costume vulgaire une aussi céleste figure, j'ai même toujours désiré faire un tableau historique d'elle et d'Alexandre, tant les traits de tous deux étaient nobles et réguliers. Toutefois, ce qui venait de m'arriver pour les portraits des grandes-duchesses ne me permettant pas de me livrer à mon inspiration, je la peignis en pied, dans le grand costume de cour, arrangeant des fleurs près d'une corbeille qui en était remplie. Je me rendis chez elle pour les séances, et l'on me fit entrer dans son divan (1), drapé en velours bleu clair, garni de grandes crépines d'argent. Le fond de cette salle était tout en glaces d'une prodigieuse dimension, en face desquelles se trouvaient les fenêtres, en glaces aussi, en sorte qu'elles répétaient d'une manière vraiment magique la vue de la Néva couverte de vaisseaux. La grande-duchesse ne tarda pas à paraître, vêtue d'une tunique blanche, ainsi que je l'avais déjà vue une première fois; c'était encore Psyché, et son abord si doux, si gracieux, joint à cette charmante figure, la faisait chérir doublement.

(1) On appelle ainsi d'immenses salons dont un large divan fait le tour.

Quand j'eus fini son grand portrait, elle m'en fit faire encore un autre pour sa mère, dans lequel je la peignis avec un schall violet, transparent, appuyée sur un coussin. Je puis dire que plus la grande-duchesse Élisabeth m'a donné de séances, plus je l'ai trouvée bonne et attachante. Un matin, tandis qu'elle posait, il me prit un étourdissement, et des scintillations telles que mes yeux ne pouvaient plus rien fixer. Elle s'en alarma, et courut vite elle-même chercher de l'eau, me frotta les yeux, me soigna avec une bonté inimaginable, et dès que je fus rentrée chez moi, on vint de sa part savoir de mes nouvelles.

Je fis aussi dans le même temps le portrait de la grande-duchesse Anne, femme du grand-duc Constantin. Celle-ci, née princesse de Cobourg, sans avoir un visage aussi céleste que celui de sa belle-sœur, n'en était pas moins jolie à ravir. Elle pouvait avoir seize ans, et la plus vive gaîté régnait sur tous ses traits. Ce n'était pourtant pas que cette jeune princesse ait jamais connu le bonheur en Russie. Si l'on peut dire qu'Alexandre tenait de sa mère par sa beauté et par son caractère, on sait qu'il n'en était pas ainsi de Constantin, qui ressemblait beaucoup à son père, sans être pourtant tout-à-fait aussi laid, et qui se montrait comme lui prodigieusement enclin à la colère. Il est bien vrai que par momens Constantin a témoigné de l'obligeance et de la bonté; quand il aimait, par exemple, il aimait bien; mais à l'exception de quelques personnes qui avaient trouvé le chemin de son cœur, ses emportemens, sa violence, le rendaient redoutable à tous ceux qui l'approchaient. Entre différens traits bizarres que l'on racontait de lui, on disait que le soir de ses noces, au moment de monter chez sa femme, il entra dans une fureur horrible contre un soldat de garde à la porte, qui n'exécutait pas assez strictement sa consigne. Cette scène se prolongea d'une manière si étrange que toutes les personnes de sa cour qui l'accompagnaient ne pouvaient concevoir qu'il restât aussi long-temps à maltraiter un factionnaire, au lieu d'aller rejoindre la jeune et jolie femme qu'il avait épousée le matin. Quelque temps après son mariage, il devint très jaloux de son frère Alexandre, ce qui amenait de fortes querelles entre lui et la duchesse Anne, indignée de ses soupçons. Les choses allèrent au point qu'il en résulta, comme on sait, un divorce. La princesse alla rejoindre d'abord sa famille, et lorsque, beaucoup plus tard, je suis allé en Suisse, elle y était établie.

Toute porte à croire que la grande-duchesse Élisabeth, cet ange de beauté, n'a pas été plus heureuse que sa belle-sœur à conserver le cœur d'un époux. L'amour d'Alexandre pour une charmante Polonaise qu'il a mariée au prince Narischkin est connu de toute l'Europe. J'ai vu madame Narischkin, bien jeune, à la cour de Pétersbourg. Elle et sa sœur y arrivèrent après la mort de leur père, qui fut tué lors de la dernière guerre de Pologne. L'aînée des deux pouvait avoir seize ans. Elles étaient ravissantes à voir, elles dansaient avec une grâce parfaite, et bientôt l'une fit la conquête d'Alexandre et l'autre celle de Constantin. Madame Narischkin était la plus régulièrement belle; sa taille fine et souple, son visage tout-à-fait grec la rendait extrêmement remarquable; mais elle n'avait pas, à mes yeux, ce charme céleste de la grande-duchesse Élisabeth.

En général, à cette époque, la cour de Russie était composée d'un si grand nombre de femmes charmantes, qu'un bal chez l'impératrice offrait un coup-d'œil ravissant. J'ai assisté au plus magnifique qu'elle ait donné. L'impératrice, très parée, était assise dans le fond de sa salle, entourée des premiers personnages de la cour. Près d'elle se tenaient la grande-duchesse Marie, femme de Paul, Paul, Alexandre, qui était superbe, et Constantin, tous debout. Une balustrade ouverte les séparait de la galerie où l'on dansait.

La danse n'était autre chose que des polonaises, où je pris place d'abord avec le jeune prince Bariatinski, afin de faire ainsi le tour du bal, après quoi je m'assis sur une banquette pour mieux voir toutes les danseuses. Il me serait impossible de dire quelle quantité de jolies femmes je vis alors passer devant moi ; mais la vérité est qu'au milieu de toutes ces beautés, les princesses de la famille impériale l'emportaient encore. Toutes les quatre étaient habillées à la grecque, avec des tuniques qu'attachaient sur leurs épaules des agrafes en gros diamans. Je m'étais mêlée de la toilette de la grande-duchesse Élisabeth, en sorte que son costume était le plus correct; cependant les deux filles de Paul, Hélène et Alexandrine, avaient sur la tête des voiles de gaze bleu clair, semée d'argent, qui donnaient à leurs visages je ne sais quoi de céleste.

La magnificence de tout ce qui entourait l'impératrice, la richesse de la salle, le grand nombre de belles personnes, cette profusion de diamans, l'éclat de mille bougies, faisaient véritablement de ce bal quelque chose de magique.

Peu de jours après, je retournai à la cour pour voir un gala. Lorsque j'arrivai dans la salle (1), toutes les dames invitées étaient déjà

(1) Cette salle était garnie de chaque côté par des gradins,

debout, près de la table, qui venait d'être servie. Peu d'instans après, on ouvrit une grande porte à deux battans, et l'impératrice parut. J'ai dit qu'elle était petite de taille, et pourtant, les jours de représentation, sa tête haute, son regard d'aigle, cette contenance que donne l'habitude de commander, tout en elle enfin avait tant de majesté, qu'elle me paraissait la reine du monde; elle portait les grands cordons de trois ordres, et son costume était simple et noble; il consistait en une tunique de mousseline brodée en or, que serrait une ceinture de diamans, et dont les manches, très amples, étaient plissées en travers dans le genre asiatique. Par-dessus cette tunique, était un dolman de velours rouge à manches très courtes. Le bonnet qui encadrait ses cheveux blancs, n'était pas orné de rubans, mais de diamans de la plus grande beauté (1).

---

sur lesquels, les jours de bal, se plaçaient les habitans de Pétersbourg qui n'étaient pas de la cour.

(1) Ce costume était habituellement celui de Catherine. Seu-

Dès que Sa Majesté eut pris place, toutes les dames s'assirent à table, et posèrent, comme tout le monde fait, leur serviette sur leurs genoux, tandis que l'impératrice attacha la sienne avec deux épingles, ainsi qu'on l'attache aux enfans. Elle s'aperçut bientôt que ces dames ne mangeaient point, et leur dit tout à coup : — Mesdames, vous ne voulez pas suivre mon exemple, aussi faites-vous semblant de manger. Moi, j'ai pris pour toujours le parti d'attacher ma serviette; car autrement, je ne puis même manger un œuf sans en jeter sur ma collerette.

Je la vis en effet dîner de fort bon appétit. Cette belle musique d'harmonie dont j'ai parlé, se fit entendre pendant tout le repas; les musiciens étant placés au bout de la salle, dans une large tribune. J'avoue que c'est pour moi une chose charmante, que de la musique quand on est à table. C'est la seule qui m'ait

---

lement elle ne portait de diamans que les jours de bal ou de gala, et changeait l'étoffe du dolman selon la saison.

jamais fait désirer d'être très grande dame ou très riche; car je préfère la musique à toutes les causeries de gens qui dînent, quoique l'abbé Delille ait dit souvent, « que les morceaux caquetés se digéraient beaucoup mieux. »

A propos de dîners, je dirai ici que bien certainement le plus triste que j'aie fait à Pétersbourg, eut lieu chez cette sœur de Zouboff, chez laquelle j'avais négligé de porter ma lettre de recommandation. Six mois de mon séjour en Russie s'étaient passés lorsque je la rencontrai en sortant du spectacle. Elle vint à moi et me dit d'un air fort aimable, qu'elle attendait toujours une lettre que l'on m'avait remise pour elle. Ne sachant pas trop comment m'excuser, je lui répondis que j'avais égaré cette lettre; mais que je la chercherais de nouveau et m'empresserais de la lui porter. Je vais en effet un matin chez la comtesse D***, qui m'engage à dîner pour le surlendemain. On dînait alors à deux heures et demie dans toutes les maisons de Pétersbourg; je me rendis donc chez la comtesse à l'heure fixe, avec ma fille qu'elle avait invitée aussi. On nous introduisit dans un salon fort triste, sans que j'eusse aperçu sur mon passage aucun apprêt de dîner. Une heure, deux heures se passent; mais il n'est pas plus question de se mettre à table que si nous venions de prendre le café; enfin, je vois entrer deux domestiques qui déploient plusieurs tables de jeu, et quoiqu'il me parût un peu étrange que l'on mangeât dans un salon, je me flatte qu'ils vont servir; point du tout, ces gens sortent, et quelques minutes après, une partie des convives se mettent à jouer. Vers six heures, ma pauvre fille et moi, nous étions tellement affamées, qu'en nous regardant toutes deux dans une glace, nous nous fîmes peur et pitié. Je me sentais tout-à-fait mourante; ce ne fut qu'à sept heures et demie qu'enfin l'on vint nous dire que l'on était servi; mais nos pauvres estomacs avaient trop souffert; il nous fut impossible de manger. J'appris alors que la comtesse D*** étant intimement liée avec lord Wilford, ne dînait, pour lui complaire, qu'à l'heure où l'on dîne à Londres. Le fait est que la comtesse aurait dû m'en avertir ; mais peut-être la sœur du favori s'était-elle persuadé que tout l'univers savait à quelle heure elle se mettait à table.

En général, rien ne me contrariait autant que de dîner en ville; j'étais cependant parfois obligée de le faire, surtout en Russie, où l'on risque de fâcher tout-à-fait les maîtres de maison si l'on refuse trop souvent leurs invitations. Les dîners me plaisaient d'autant moins qu'ils étaient habituellement fort nombreux. Au reste, la plus grande magnificence présidait à ces repas; la plupart des seigneurs avaient de très bons cuisiners français, et la chère était exquise. Un quart d'heure avant de se mettre à table, un domestique apporte sur un plateau des liqueurs de toute espèce avec de petites tartines de pain beurrées. On ne prend guère de liqueur après le dîner; mais toujours du vin de Malaga excellent.

Il est d'usage que les grandes dames chez elles passent à table avant les personnes invitées, en sorte que la princesse Dolgorouki et d'autres venaient me prendre le bras afin de me faire passer en même temps qu'elles; car il est impossible de pousser plus loin que les dames russes la politesse bienveillante qui fait le charme de la bonne compagnie. J'irai même jusqu'à dire qu'elles n'ont point cette morgue que l'on peut reprocher à quelques-unes de nos dames françaises.

CHAPITRE XVIII.

Le froid à Pétersbourg. — Le peuple russe. — La douceur de ses mœurs. — Sa probité. — Son intelligence.—Les femmes de marchands russes. — Le comte Golovin. — La débâcle de la Néva. — Les salons de Pétersbourg. — Le théâtre. — Madame Hus. — Mandini. — La comtesse Strogonoff. — La princesse Kourakin.

On ne s'apercevrait point à Pétersbourg de la rigueur du climat, si, l'hiver arrivé, on ne sortait pas de chez soi, tant les Russes ont perfectionné les moyens d'entretenir de la chaleur dans les appartemens. A partir de la porte cochère, tout est chauffé par des poêles si excellens, que le feu qu'on entretient dans les cheminées n'est autre chose que du luxe. Les escaliers, les corridors, sont à la même température que les chambres, dont les portes de communication restent ouvertes sans aucun inconvénient. Aussi lorsque l'empereur Paul, qui n'était alors que grand-duc, vint en France sous le nom de prince du Nord, il disait aux Parisiens : « A Pétersbourg nous voyons le froid; mais ici nous le sentons. » De même quand, après avoir passé sept ans et demi en Russie, je fus de retour à Paris, où la princesse Dolgorouki se trouvait aussi, je me rappelle qu'un jour étant allée la voir, nous avions un tel froid toutes deux devant sa cheminée que nous nous disions : « Il faut aller passer l'hiver en Russie pour nous réchauffer. »

On ne sort qu'en prenant de telles précautions, que les étrangers mêmes souffrent à peine de la rigueur du climat. Chacun, dans sa voiture, a de grandes bottes de velours fourrées, et des manteaux doublés d'épaisses fourrures. A dix-sept degrés on ferme le spectacle, et tout le monde reste chez soi. Je suis la seule peut-être qui, ne me doutant pas un jour du froid qu'il faisait, imaginai d'aller faire une visite à la comtesse Golovin, le thermomètre étant à dix-huit. Elle logeait assez loin de chez moi, dans la grande rue qu'on appelle la Perspective, et depuis ma maison jusqu'à la sienne, je ne rencontrai pas une seule voiture, ce qui m'étonnait beaucoup; mais j'allais toujours. Le froid était tel, que d'abord je croyais les glaces de ma voiture ouvertes. Lorsque la comtesse me vit entrer dans son salon, elle s'écria : « Mon Dieu! comment sortez-vous ce soir? ne savez-vous donc pas qu'il y a près de vingt degrés? » A ces mots je pense à mon pauvre cocher, et sans ôter ma pelisse, je cours regagner ma voiture, et retourne bien vite chez moi. Mais ma tête avait été saisie par le froid, au point que j'en étais étourdie. On me la frotta avec de l'eau de Cologne pour la réchauffer, autrement je serais devenue folle.

Une chose tout-à-fait surprenante, c'est le peu d'impression que semble faire une aussi rigoureuse température sur les gens du peuple. Bien loin que leur santé en souffre, on a remarqué que c'est en Russie qu'il existe le plus de centenaires. A Pétersbourg comme à Moscou, les grands seigneurs et toutes les notabilités de l'empire vont à six et à huit chevaux; leurs postillons sont de petits garçons de huit à dix ans, qui mènent avec une adresse et une dextérité surprenantes. On en met deux pour conduire huit chevaux, et c'est une chose curieuse de voir ces petits bons-hommes, vêtus assez légèrement, et quelquefois même leur chemise toute ouverte sur leur poitrine, rester gaiement exposés à un froid qui bien certainement ferait périr en peu d'heures un grenadier prussien ou français. Moi, qui me contentais de deux chevaux à ma voiture, je m'étonnais de même de la douceur et de la résignation des cochers; jamais ils ne se plaignent. Par les temps les plus rigoureux, lorsqu'ils attendent leurs maîtres, soit au spectacle, soit au bal, ils restent tous là sans bouger, on les voit seulement battre du pied sur leurs siéges pour se réchauffer un peu, tandis que les petits postillon vont s'étendre sur le bas des escaliers (1).

Le peuple russe est laid en général, mais il a une tenue à la fois simple et fière, et ce sont les meilleures gens du monde. On ne rencontre jamais un homme ivre, quoique leur boisson habituelle soit de l'eau-de-vie de grain. La plupart se nourrissent de pommes de terre, et force ail mêlé d'huile, qu'ils mangent avec leur pain, en sorte qu'ils infectent, bien qu'ils aient l'usage de se baigner tous les samedis. Cette pauvre nourriture ne les empêche pas de chanter à tue-tête en travaillant ou en menant leurs barques, et ce peuple m'a bien souvent rappelé ce qu'au commencement de la révolution disait un soir chez moi le marquis de Chastellux : « Si on leur ôte leur bandeau, ils seront bien plus malheureux ! »

(1) A la vérité on a soin de donner aux cochers des habits et des gants fourrés, et quand le froid dépasse les degrés ordinaires, si quelque seigneur veut recevoir ou donner un bal, il leur fait distribuer du bois pour qu'ils établissent des feux de bivouac dans les cours et dans la rue.

Les Russes sont adroits et intelligens, car ils apprennent tous les métiers avec une facilité prodigieuse ; plusieurs même obtiennent du succès dans les arts. Je vis un jour chez le comte de Strogonoff, son architecte qui avait été son esclave. Ce jeune homme montrait tant de talent, que le comte le présenta à l'empereur Paul, qui le nomma un de ses architectes, et lui commanda de bâtir une salle de spectacle sur des plans qu'il avait faits. Je n'ai point vu cette salle finie, mais on m'a dit qu'elle était fort belle. En fait d'esclaves devenus artistes, je n'avais pas été aussi heureuse que le comte. Comme je me trouvais sans domestique, lorsque celui que j'avais amené de Vienne m'eut volé, le comte de Strogonoff me donna un de ses esclaves, qu'il me dit savoir arranger la palette et nettoyer les brosses de sa belle-fille, quand elle s'amusait à peindre. Ce jeune homme que j'employais en effet à cet usage, au bout de quinze jours qu'il me servait, se persuada qu'il était peintre aussi, et ne me donna point de repos que je n'eusse obtenu sa liberté du comte, afin qu'il pût aller travailler avec les élèves de l'Académie. Il m'écrivit sur ce sujet plusieurs lettres qui sont vraiment curieuses de style et de pensées. Le comte, en cédant à ma prière, me dit : « Soyez sûre qu'avant peu il voudra me revenir. » Je donne vingt roubles à ce jeune homme, le comte lui en donne au moins autant, en sorte qu'il court aussitôt acheter l'uniforme des élèves en peinture, avec lequel il vient me remercier d'un air triomphant. Mais, deux mois après environ, il revint m'apporter un grand tableau de famille si mauvais, que je ne pouvais le regarder, et qu'on lui avait payé si peu, que le pauvre jeune homme, les frais soldés, y perdait huit roubles de son argent. Ainsi que le comte l'avait prévu, un pareil désappointement le fit renoncer à sa triste liberté.

Les domestiques sont remarquables par leur intelligence. J'en avais un qui ne savait pas un mot de français, et moi, je ne savais pas un mot de russe ; mais nous nous entendions parfaitement sans le secours de la parole. En levant le bras, je lui demandais mon chevalet, ma boîte à couleurs, enfin je lui figurais les différens objets dont j'avais besoin. Il comprenait tout et me servait à merveille. Une autre qualité bien précieuse que je trouvais en lui, c'était une fidélité à toute épreuve : on m'envoyait très souvent des billets de banque en paiement de mes tableaux, et lorsque j'étais occupée à peindre, je les posais près de moi sur une table; en quittant mon travail, j'oubliais constamment d'emporter ces billets, qui restaient là souvent trois ou quatre jours sans que jamais il en ait soustrait un seul. Il était en outre d'une sobriété rare, je ne l'ai pas vu ivre une fois. Ce bon serviteur se nommait Pierre; il pleura lorsque je quittai Pétersbourg, et moi je l'ai toujours vivement regretté.

Le peuple russe en général a de la probité et sa nature est douce. A Pétersbourg, à Moscou, non-seulement on n'entend jamais parler d'un grand crime, mais on n'entend parler d'aucun vol. Cette conduite honnête et paisible surprend dans des hommes encore à peu près barbares, et beaucoup de personnes l'attribueront à l'esclavage; mais moi, je pense qu'elle tient à ce que les Russes sont extrêmement dévots. Peu de temps après mon arrivée à Pétersbourg, j'allai voir à la campagne la belle-fille de mon ancién ami le comte de Strogonoff. Sa maison à Kaminostroff était situéé à droite du grand chemin qui bordait la Néva. Je descendis de voiture, j'ouvris une petite barrière en treillage qui donnait entrée dans le jardin que je traversai, et j'arrivai dans un salon au rez-de-chaussée, dont je trouvai la porte toute grande ouverte. Il était donc très facile d'entrer chez la comtesse de Strogonoff; aussi, quand je l'eus trouvée dans un petit boudoir et qu'elle me montra ses appartemens, je fus très surprise de voir tous ses diamans près d'une fenêtre qui donnait sur le jardin, et par conséquent à peu près sur le grand chemin. Cela me parut d'autant plus imprudent, que les dames russes ont l'usage d'étaler leurs diamans et leurs bijoux dans de grandes montres couvertes d'un verre, telles qu'on en voit chez les bijoutiers. — Madame, lui dis-je, ne craignez-vous pas d'être volée? — Jamais, répondit-elle, voilà la meilleure des polices. Et elle me montra placées au-dessus de l'écrin, plusieurs images de la Vierge et de saint Nicolas, patron du pays, devant lesquelles brûlait une lampe. Il est de fait que, durant les sept années et plus que j'ai passées en Russie, j'ai toujours reconnu qu'en toute occasion l'image de la Vierge, ou d'un saint, et la présence d'un enfant, ont toujours quelque chose de sacré pour un Russe.

Les gens du peuple, lorsqu'ils vous adressent la parole, ne vous nomment pas autrement (selon votre âge) que *mère, père, frère* ou *sœur*, sans que cet usage excepte l'empereur, l'impératrice et toute la famille impériale.

On ne voit pas à Pétersbourg de filles publiques se promener dans la ville; elles habitent un quartier qui leur est assigné, et sont de si mauvais genre que les gens comme il faut ne vont jamais chez elles. Je n'ai pas entendu dire non plus, qu'il y eût des filles entretenues comme à Paris, si ce n'étaient quelques actrices.

Dans la classe supérieure à celle du peuple, il existe un grand nombre de personnes aisées et même riches. Les femmes de marchands, par exemple, dépensent beaucoup pour leur toilette, sans que cela paraisse apporter aucune gêne dans le ménage. Elles sont surtout coiffées avec une magnificence fort élégante. Sur leurs bonnets dont les papillons sont le plus souvent ornés de perles fines, elles portent une large draperie qui de leur tête retombe sur leurs épaules et sur leur dos, jusqu'en bas des reins. Cette espèce de voile produit sur le visage un demi jour, dont il faut avouer qu'elles ont besoin, attendu que toutes, je ne sais pourquoi, mettent du blanc, du rouge, et peignent leurs sourcils en noir, de la manière la plus ridicule.

Plusieurs fermiers sont aussi fort riches. Je me souviens qu'arrivant un jour pour dîner chez le comte Golovin, je trouvai dans le salon un grand et gros homme qui avait tout-à-fait l'air d'un paysan renforcé. Quand on eut annoncé le dîner, je vis cet homme se mettre à table avec nous, ce qui me parut extraordinaire, et je demandai à la comtesse qui il était : « C'est, me dit-elle, le fermier de mon mari, qui vient lui prêter soixante mille roubles pour que nous puissions satisfaire à quelques dettes; l'obligeance de ce bon fermier vaut bien le dîner que nous lui donnons. » Rien n'était plus naturel en effet; ce qui pouvait me le paraître un peu moins, c'est que le comte Golovin, avec une fortune aussi considérable que la sienne, pût avoir besoin de l'argent de son fermier; mais je n'en étais plus à apprendre avec quelle facilité les seigneurs russes dépensent leur revenu; il faut dire, à la vérité, qu'ils sont infiniment plus magnifiques que les Français. Il résulte toutefois de ce luxe extraordinaire, auquel le nôtre ne peut être comparé, que, pour être payé quand ils vous doivent, il faut aller chez eux vers le 1er janvier, ou vers le 1er juillet, époques où ils touchent le revenu de leurs terres; autrement, on court risque de les trouver sans argent. Tant que je suis restée dans l'ignorance de cet usage, j'ai souvent attendu le paiement des portraits que j'avais faits. Au reste, le comte Golovin dont je parle, était le meilleur homme du monde; mais il n'avait aucun ordre. Par exemple, il acceptait tous les placemens qu'on lui offrait; car pour son malheur, on avait beaucoup de confiance en lui. Il tenait compte exactement de l'intérêt à dix pour cent, (taux ordinaire à Pétersbourg), puis au lieu de faire valoir ces fonds de manière ou d'autre, il les gardait dans une cassette, pour s'en servir s'il s'en présentait l'occasion; en sorte qu'on m'a dit qu'à sa mort, lorsque l'on ouvrit cette cassette, on y trouva de quoi payer la plus grande partie de ce qu'il devait.

La comtesse Golovin était une femme charmante, pleine d'esprit et de talens, ce qui suffisait souvent pour nous tenir compagnie; car elle recevait peu de monde. Elle dessinait très bien, et composait des romances charmantes, qu'elle chantait en s'accompagnant du piano. De plus, elle était à l'affût de toutes les nouvelles littéraires de l'Europe, qui, je crois, étaient connues chez elle aussitôt qu'à Paris. Elle avait pour amie intime la comtesse Tolstoi qui était belle et bonne, mais beaucoup moins animée que la comtesse Golovin; et peut-être ce contraste dans leur caractère avait-il formé et cimenté leur liaison.

Lorsque le mois de mai arrive à Pétersbourg, il ne s'agit encore ni de fleurs printanières dont l'air soit embaumé, ni de ce chant du rossignol tant chanté par les poètes. La terre est couverte de neige à moitié fondue; la Doga apporte dans la Néva des glaçons aussi gros que d'énormes rochers amoncelés les uns sur les autres, et ces glaçons ramènent le froid qui s'était adouci après la débâcle de la Néva. On peut appeler cette débâcle une belle horreur, le bruit en est épouvantable; car près de la bourse, la Néva a plus de trois fois la largeur de la Seine au pont Royal (1); que l'on imagine donc l'effet que produit cette mer de glace, se fendant de toutes parts. En dépit des faction-

(1) Il a toujours été impossible d'établir un pont d'une rive à l'autre; aucun ne résisterait aux glaçons de la Doga. La communication entre les deux bords n'existe que par un pont de bateaux qu'on retire au moment de la débâcle. J'ai vu pourtant

naires que l'on place alors tout le long des quais pour empêcher le peuple de sauter de glaçon en glaçon, des téméraires s'aventurent sur la glace devenue mouvante pour gagner l'autre bord. Avant d'entreprendre ce dangereux trajet, ils font le signe de la croix, et s'élancent bien persuadés que, s'ils périssent, c'est qu'ils y sont prédestinés. Au moment de la débâcle, le premier qui traverse la Néva en bateau, présente une coupe en argent, remplie d'eau de la Néva, à l'empereur, qui la lui rend remplie d'or.

On ne décalfeutre pas encore les fenêtres à cette époque, et la Russie n'a point de printemps; mais aussi la végétation se presse pour regagner le temps perdu. On peut dire à la lettre que les feuilles poussent à vue d'œil. J'allai un jour, à la fin du mois de mai, me promener avec ma fille au jardin d'été, et voulant nous assurer si tout ce qu'on nous avait dit sur

---

au palais des beaux-arts le modèle d'un pont d'une seule arche qu'un esclave russe a fait d'instinct, n'ayant reçu nulle éducation. Ce modèle est admirable. Il faut que de fortes raisons empêchent de l'exécuter.

la rapidité de la végétation était vrai, nous remarquâmes des feuilles d'arbustes qui n'étaient encore qu'en bourgeons. Nous fîmes un tour d'allée, puis étant revenues aussitôt à la place que nous venions de quitter, nous trouvâmes les bourgeons ouverts, et les feuilles entièrement étendues.

Les Russes tirent parti, même de la rigueur de leur climat pour se divertir. Par le plus grand froid, il se fait des parties de traîneaux, soit de jour, soit de nuit aux flambeaux. Puis, dans plusieurs quartiers, on établit des montagnes de neige sur lesquelles on va glisser avec une rapidité prodigieuse, sans aucun danger; car des hommes, habitués à ce métier, vous lancent du haut de la montagne, et d'autres vous reçoivent en bas.

Une des belles cérémonies qu'on puisse voir est celle de la bénédiction de la Néva. Elle a lieu tous les ans, et c'est l'archimandrite qui donne la bénédiction en présence de l'empereur, de la famille impériale et de tous les grands dignitaires. Comme à cette époque la glace de la Néva a pour le moins trois pieds d'épaisseur, on y pratique un grand trou dans lequel, après la cérémonie, chacun vient puiser de l'eau bénite. Assez souvent on voit des femmes y plonger de petits enfans; parfois il arrive à ces malheureuses mères de laisser échapper la pauvre victime du préjugé; mais alors, au lieu de pleurer la perte de son enfant, la mère se félicite du bonheur de l'ange qui s'en va prier pour elle. L'empereur est obligé de boire le premier verre d'eau, que l'archimandrite lui présente.

J'ai déjà dit qu'il faut aller dans la rue pour s'apercevoir qu'il fait froid à Pétersbourg. Les Russes ne se contentent pas de donner à leurs appartemens la température du printemps, plusieurs salons sont entourés de grands paravens vitrés, derrière lesquels sont placés des caisses et des pots remplis des plus belles fleurs que donne chez nous le mois de mai.

L'hiver, les appartemens sont éclairés avec le plus grand luxe. On les parfume avec du vinaigre chaud dans lequel on jette des branches de menthe, ce qui donne une odeur très agréable et très saine. Toutes les pièces sont garnies de longs et larges divans, sur lesquels les femmes et les hommes s'établissent; j'avais si bien pris l'habitude de ces siéges que je ne pouvais plus m'asseoir sur un fauteuil.

Les dames russes saluent en s'inclinant, ce qui me paraissait plus noble et plus gracieux que nos révérences. Elles ne sonnaient point leurs domestiques, mais les appelaient en frappant dans leurs mains, comme on dit que font les sultanes dans le sérail. Toutes avaient à la porte de leur salon un homme en grande livrée, qui restait toujours là, pour ouvrir aux visites; car je crois avoir remarqué qu'à cette époque l'usage n'était pas de les annoncer. Mais ce qui m'a paru plus étrange, c'est de voir quelques-unes de ces dames faire coucher une femme esclave sous leur lit.

Tous les soirs j'allais dans le monde. Non-seulement les bals, les concerts, les spectacles, étaient fréquens, mais je me plaisais dans ces réunions journalières, où je retrouvais toute l'urbanité, toute la grâce d'un cercle français;

car, pour me servir de l'expression de la princesse Dolgorouki, il semble que le bon goût a sauté à pieds joints de Paris à Pétersbourg. Les maisons ouvertes ne manquaient pas, et dans toutes on était reçu de la manière la plus aimable. On se réunissait vers les huit heures, et l'on soupait à dix. Dans l'intervalle, on prenait du thé comme partout ailleurs; mais le thé en Russie est si excellent que moi, qu'il incommode et. qui ne puis en prendre, j'étais embaumée par son parfum. Je buvais au lieu de thé de l'hydromèle. Cette boisson, qui est charmante, se fait avec de bon miel et des petits fruits qui viennent dans les bois de la Russie ; on la laisse pendant un certain temps à la cave avant de la mettre en bouteille; je la trouve bien préférable au cidre, à la bière, et même à la limonade.

Deux maisons extrêmement recherchées étaient celles de la princesse Michel Galitzin (1)

---

(1) La princesse Galitzin a fait plusieurs séjours à Paris, où elle a marié une de ses filles à un Français, M. le comte de Caumont.

et de la princesse Dolgorouki; il existait même entre ces deux dames, relativement à leurs soirées, une sorte de rivalité. La première, moins belle que la princesse Dolgorouki, était plus jolie. Elle avait infiniment d'esprit, mais fantasque à l'excès. Elle vous boudait tout à coup sans aucun motif, puis l'instant d'après vous disait les choses les plus aimables et les plus flatteuses. Le comte de Choiseul-Gouffier en était amoureux fou au point que les caprices, l'humeur bizarre qu'il lui fallait supporter, ne faisaient qu'augmenter son amour. Il était curieux de le voir saluer la princesse jusqu'à terre lorsqu'elle arrivait après lui dans un salon; mais tel était autrefois le respect que l'on marquait à la femme que l'on ne voulait pas afficher, et cela, quel que fût l'amour qu'on avait pour elle. De nos jours, il est vrai, on n'affiche pas davantage, mais c'est par indifférence.

Les soupers de la princesse Dolgorouki étaient charmans; elle y réunissait le corps diplomatique, les étrangers les plus marquans, et chacun s'empressait de s'y rendre, tant la maîtresse de maison était aimable. Aussi n'avais-je pas tardé à répondre aux avances qu'elle avait bien voulu me faire, et je la voyais très souvent. Elle me donnait toujours au spectacle une place dans sa loge, qui était fort près du théâtre, en sorte que je pouvais apprécier parfaitement dans la tragédie le jeu si noble de madame Hus, dont le son de voix était enchanteur, et dans la comédie le jeu si fin de mademoiselle Suzette, qui jouait les rôles de soubrettes. Les acteurs et les actrices de Pétersbourg étaient tous Français, et sans égaler les grands comédiens que Paris possédait alors, ils avaient pour la plupart beaucoup de talent, et jouaient avec un ensemble parfait. Nous ne tardâmes pas d'ailleurs à voir arriver un homme qui, quoique jeune, avait déjà fait les délices de l'Italie et de la France. C'était Mandini, que l'on peut dire avoir réuni pour le théâtre tous les avantages imaginables. Il était beau; il était grand acteur, et il chantait admirablement (1). Comme il ne

(1) Il arrivait de Paris où plusieurs personnes peuvent encore se souvenir de l'avoir entendu.

pouvait point jouer les opéras français, on monta l'été chez la princesse Dolgorouki plusieurs opéras italiens, qui furent représentés sur le petit théâtre d'Alexandrowski. On donnait naturellement à Mandini les premiers rôles, dans lesquels il était si ravissant, qu'il fallait que les dames et les seigneurs qui le secondaient, eussent fait l'entier sacrifice de leur amour-propre.

Aucune femme, je crois, n'avait plus de dignité dans sa personne et dans ses manières que la princesse Dolgorouki; comme elle avait vu ma Sibylle, dont elle était enthousiasmée, elle désira que je fisse son portrait dans ce genre, et j'eus le plaisir de la satisfaire entièrement. Le portrait fini, elle m'envoya une fort belle voiture, et mit à mon bras un bracelet, fait d'une tresse de cheveux, sur laquelle des diamans sont arrangés de manière qu'on y lit: *Ornez celle qui orne son siècle.* Je fus extrêmement touchée de la grâce et de la délicatesse d'un pareil présent.

Je voyais aussi très fréquemment le comte

de Strogonoff, son fils et sa belle-fille. Cette dernière était jeune, jolie et très spirituelle. Son mari, qui avait vingt-cinq ans au plus, était un homme charmant. Une actrice qui venait de Paris lui tourna la tête. La comtesse s'aperçut de son infidélité, et comme elle l'aimait beaucoup, elle en souffrit excessivement sans jamais lui en parler. Le jeune comte entretenait avec faste cette actrice, qui s'appelait mademoiselle Lachassaigne; il eut d'elle un enfant, et lui fit alors six mille roubles de pension. Lorsque la guerre avec les Français eut lieu, il fut tué; mais la jeune comtesse continua la pension de six mille roubles à l'actrice. Ce trait me semble à la fois si noble et si bon qu'il suffit à son éloge.

La bonne, la charmante princesse Kourakin recevait peu; mais chaque soir elle se réunissait à la société, le plus souvent chez la princesse Dolgorouki, où c'était un bonheur pour moi de la rencontrer. Il était tout-à-fait impossible de la voir deux fois sans l'aimer. Son esprit, son naturel, sa bonté, je ne sais quoi de naïf dans son caractère qui me faisait l'appeler l'enfant de sept ans; tout en elle me charmait, tout lui gagnait les cœurs; et je ne veux pas que l'on croie ici que la tendre amitié que j'ai sentie pour elle m'engage à flatter sa mémoire. La princesse Kourakin est venue à Paris où elle est restée long-temps; madame de Bawr, M. de Sabran, M. Briffaut l'ont connue, ont été ses amis : ils peuvent dire si mes regrets m'aveuglent, et si la société n'a point perdu en elle un de ses plus aimables ornemens.

CHAPITRE XIX.

Le lac de Pergola. — L'île de Krestowski. — L'île de Zelaguin. — Le général Melissimo. — Dîner turc. — J'écris à Cléry, valet-de-chambre de Louis XVI. — Sa réponse. — Je fais le portrait de Marie-Antoinette pour madame la duchesse d'Angoulême. — Lettre que m'écrit madame la duchesse d'Angoulême.

Une grande jouissance avait lieu pour moi lorsque, après avoir respiré pendant plusieurs mois un air glacé ou l'air des poêles, je voyais arriver l'été. La promenade alors me semblait une chose délicieuse, et je me pressais de parcourir les beaux environs de Pétersbourg. J'allais très souvent au lac de Pergola (1), seule avec mon bon domestique russe, prendre ce que j'appelais un bain d'air. Je me plaisais à contempler ce beau lac si limpide, qui réfléchissait vivement les arbres qui l'environnaient. Puis je montais sur les hauteurs dont il est entouré. D'un côté j'avais la mer pour horizon, et je distinguais les voiles des vaisseaux, éclairées par le soleil. Là régnait un silence qui n'était troublé que par le chant de mille oiseaux, ou souvent par celui d'une petite cloche lointaine. Cet air pur, ce lieu sauvage et pittoresque, me charmait. Mon bon Pierre, qui faisait réchauffer mon petit dîner, ou qui cueillait des bouquets de fleurs champêtres pour me les apporter, me faisait penser à Robinson dans son île avec Vendredi.

J'allais souvent aussi me promener de très grand matin avec ma fille à l'île de Krestowski. L'extrémité de cette île paraît joindre la mer

(1) Ce lieu appartenait à madame de Schouvaloff, femme de l'auteur de l'Épître à Ninon. Sa fille a épousé le comte Diedrestein, frère de la belle comtesse Kinski.

sur laquelle naviguaient de grandes barques. L'horizon n'avait point de bornes, et cette vue était calme et belle. Nous y allâmes au soir pour voir danser les paysannes russes, dont le costume est si pittoresque. Puis un jour du mois de juillet de je ne sais quelle année, pendant laquelle la chaleur fut plus forte qu'en Italie, je me souviens que la mère (1) de la princesse Dolgorouki, ne pouvant la supporter, s'était établie dans sa cave; sa dame de compagnie, moins susceptible, restait sur les marches élevés, et lui faisait la lecture. Mais pour en revenir à l'île de Krestowski, comme nous faisions une promenade en bateau, nous rencontrâmes une multitude d'hommes et de femmes, se baignant tous pêle-mêle. Nous vîmes même de loin des jeunes gens tout nus à cheval, qui allaient ainsi se baigner avec leurs chevaux. Dans tout autre pays un grand scandale naîtrait de pareilles choses; mais il en est autrement là où règne l'innocence

(1) La princesse Bariatinski. Elle avait été jolie comme un ange, et son esprit fin et naturel la rendait une des plus aimables femmes de Pétersbourg.

de la pensée. Aucune indécence ne se passait, personne ne songeait à mal; car le peuple russe a vraiment l'ingénuité de la première nature. Dans les familles, l'hiver, le mari, la femme, les enfans, se couchent ensemble sur leur poêle; si le poêle ne suffit pas, ils s'étendent sur des bancs de bois, rangés autour de leur hangard, enveloppés seulement de leur peau de mouton. Enfin ils ont conservé les mœurs des anciens patriarches.

Une des promenades qui me charmaient le plus, était celle de l'île de Zélaguin, qui, pour avoir été un très beau jardin anglais, n'en était pas moins abandonnée alors. Toutefois il y restait encore de très beaux arbres, des allées charmantes, un temple, entouré de superbes saules pleureurs et de petites rivières courantes, quelques masses de fleurs qui réjouissaient les yeux, des ponts dans le genre anglais, et des arbres verts magnifiques. Je ne concevais pas comment on avait abandonné ce lieu qui pouvait devenir le plus délicieux du monde; depuis mon retour en France, en effet, j'ai appris qu'Alexandre l'a fait soigner, et qu'il en a fait un des beaux jardins que l'on puisse voir. Il y avait dans cette île des vues si belles et si pittoresques que j'en ai dessiné une grande quantité, et pour jouir tout à mon aise de cette charmante promenade, je louai presque en face, sur les bords de la Néva, une petite maison de bois.

La situation de cette maisonnette était délicieuse et d'une gaieté ravissante, en ce que la plupart des barques qui allaient et venaient sans cesse sur la rivière me donnaient un concert perpétuel de musique vocale ou d'instrumens à vent. Tout près de moi, le général Melissimo, grand-maître de l'artillerie, habitait une fort jolie maison, et j'étais charmée de ce voisinage; car le général était le meilleur et le plus obligeant des hommes. Comme il avait séjourné long-temps en Turquie, sa maison offrait un modèle, non-seulement du luxe, mais du *confortable* oriental. Il s'y trouvait une salle de bain, éclairée par en haut, et dans le milieu de laquelle était une cuve assez grande pour contenir une douzaine de personnes. On descendait dans l'eau par quelques marches; le linge qui servait à s'essuyer en sortant du bain, était posé sur la balustrade en or qui entourait la cuve, et ce linge consistait en de grands morceaux de mousseline de l'Inde brodés en bas de fleurs et d'or, afin que la pesanteur de cette bordure pût fixer la mousseline sur les chairs, ce qui me parut une recherche pleine de magnificence. Autour de cette salle régnait un large divan, sur lequel on pouvait s'étendre et se reposer après le bain, outre qu'une des portes ouvrait sur un charmant petit boudoir dont le divan formait un lit de repos. Ce boudoir donnait sur un parterre de fleurs odoriférantes, et quelques tiges venaient toucher la fenêtre. C'est là que le général nous donna un déjeuner en fruits, en fromage à la crème, et en excellent café moka, qui régala beaucoup ma fille. Il nous invita une autre fois à un très bon dîner, et le fit servir sous une belle tente turque qu'il avait rapportée de ses voyages. On avait dressé cette tente sur la pelouse fleurie qui faisait face à la maison. Nous étions une douzaine de personnes, toutes assises sur de magnifiques divans qui entouraient la table : on nous servit une quantité de fruits parfaits au dessert ; enfin ce dîner fut tout-à-fait asiatique, et la manière dont le général recevait donnait encore du prix à toutes ces choses. J'aurais seulement désiré chez lui qu'on ne tirât point tout près de nous des coups de canon au moment où nous nous mettions à table, mais on me dit que c'était l'usage chez tous les généraux d'armée.

Je ne louai qu'un été ma petite maison sur la Néva ; l'été suivant, le jeune comte de Strogonoff me prêta une maison charmante à Kaminostroff, où je me plaisais beaucoup. Tous les matins, j'allais seule me promener dans une forêt voisine, et je passais mes soirées chez la comtesse Golovin, qui était établie tout à côté de moi. Je trouvais là le jeune prince Bariatinski, la princesse Tarente et plusieurs autres personnes aimables. Nous causions, ou nous faisions des lectures jusqu'au moment du souper; enfin mon temps se passait le plus agréablement du monde.

La paix et le bonheur dont je jouissais, ne m'empêchaient pas néanmoins de penser bien souvent à la France et à ses malheurs. J'étais surtout poursuivie par le souvenir de Louis XVI et de Marie-Antoinette, au point qu'un de mes désirs les plus vifs était de faire un tableau qui les représentât dans un des momens touchans et solennels qui avaient dû précéder leur mort. J'ai déjà dit que j'avais évité soigneusement la connaissance de ces tristes détails, mais alors il me fallait bien les connaître, si je voulais intéresser. Je savais que Cléry s'était réfugié à Vienne après la mort de son auguste maître, je lui écrivis, et je l'instruisis de mon désir, en le priant de m'aider à l'exécuter. Fort peu de temps après, je reçus de lui la lettre suivante, que j'ai toujours gardée, et que je copie mot pour mot.

Madame,

La connaissance parfaite que vous avez des

personnages de l'auguste famille de Louis XVI m'avait fait dire à madame la comtesse de Rombeck que personne autre que vous ne pourrait rendre les scènes déchirantes qu'a eu à éprouver cette malheureuse famille, dans le cours de sa captivité. Des faits aussi intéressans doivent passer à la postérité, et le pinceau de madame Lebrun peut seul les y transmettre avec vérité.

Parmi ces scènes de douleur, on pourrait en peindre six :

1° Louis XVI dans sa prison, entouré de sa famille, donnant des leçons de géographie et de lecture à ses enfans; la reine et madame Elisabeth occupées en ce moment à coudre et à raccommoder leurs habits;

2° La séparation du roi et de son fils, le 11 décembre, jour que le roi parut à la convention pour la première fois, et qu'il a été séparé de sa famille jusqu'à la veille de sa mort.

3° Louis XVI interrogé dans la tour, par quatre membres de la convention, et entouré de son conseil : MM. de Malesherbes, de Sèze et Tronchet ;

4° Le conseil exécutif annonçant au roi son décret de mort, et la lecture de ce décret par Grouvelle ;

5° Les adieux du roi à sa famille la veille de sa mort ;

6° Son départ de la tour pour marcher au lieu du supplice.

Celui de ces faits qui paraît généralement toucher le plus les ames sensibles, est le moment des adieux. Une gravure a été faite en Angleterre sur ce sujet; mais elle est bien loin de la vérité, tant dans la ressemblance des personnages que des localités.

Je vais tâcher, madame, de vous donner les détails que vous désirez pour faire une esquisse de ce tableau. La chambre où s'est passée cette scène peut avoir quinze pieds carrés; les murs sont recouverts en papier en forme de pierre de taille, ce qui représente bien l'intérieur d'une prison. A droite, près de la porte d'entrée, est une grande croisée, et comme les murs de la tour ont neuf pieds d'épaisseur, la croisée se trouve dans un enfoncement d'environ huit pieds de large; mais en diminuant vers l'extrémité où l'on aperçoit de très gros barreaux. Dans l'embrasure de cette croisée est un poêle de faïence de deux pieds et demi de large sur trois pieds et demi de haut; le tuyau passe sous la croisée, et il est adossé à la partie gauche de l'embrasure et au commencement. De la croisée au mur de face, il peut y avoir huit pieds; à ce mur et près du poêle est une lampe-quinquet et qui éclairait toute la salle, la scène s'étant passée de nuit, c'est-à-dire à dix heures du soir. Le mur de face peut avoir quinze pieds; une porte à deux venteaux le sépare; mais elle se trouve plus du côté droit que du gauche. Cette porte est peinte en gris; un des venteaux doit être ouvert pour laisser apercevoir une partie de la chambre à coucher. On doit voir la moitié de la cheminée qui se trouve en face de la porte; une glace est dessus, une partie d'une tenture de papier jaune, une chaise près de la cheminée, une table devant; une écritoire, des plumes, du papier et des livres, sont sur la table. La partie gauche de la salle est une cloison en vitrage;

aux deux extrémités sont deux portes vitrées; derrière cette cloison est une petite pièce qui servait de salle à manger. C'est dans cette salle que le roi assis et entouré de sa famille leur a fait part de ses dernières volontés. C'est en sortant de cette petite salle à manger, le roi s'avançant vers la porte d'entrée, comme pour reconduire sa famille, que cette scène doit être prise, et ce fut aussi le moment le plus douloureux.

Le roi était debout, tenant par la main droite la reine, qui à peine pouvait se soutenir; elle était appuyée sur l'épaule droite du roi; le dauphin, du même côté, se trouve enlacé dans le bras droit de la reine qui le presse vers elle; il tient avec ses petites mains celle droite du roi et la gauche de la reine, les baise et les arrose de ses larmes. Madame Elisabeth est au côté gauche du roi, pressant de ses deux mains le haut du bras du roi, et levant les yeux remplis de larmes vers le ciel; Madame Royale est devant elle, tenant la main gauche du roi, en faisant retentir la salle des gémissemens les plus douloureux. Le roi toujours calme, toujours auguste, ne versait aucune larme; mais il parraissait cruellement affecté de l'état douloureux de sa famille. Il lui dit avec le son de voix le plus doux, mais plein d'expressions touchantes : *Je ne vous dis point adieu, soyez assurée que je vous verrai encore demain matin, à sept heures ?* — *Vous nous le promettez*, dit la reine, pouvant à peine articuler.— *Oui, je vous le promets*, répondit le roi; *adieu*.—Dans ce moment les sanglots redoublèrent, Madame Royale tomba presque évanouie aux pieds du roi qu'elle tenait embrassé; madame Elisabeth s'occupa vivement de la soutenir. Le roi fit un effort bien pénible sur lui-même, il s'arracha de leurs bras et rentra dans sa chambre. Comme j'étais près de madame Elisabeth, j'aidai cette princesse à soutenir Madame Royale pendant quelques degrés; mais on ne me permit pas de suivre plus loin, et je rentrai près du roi. Pendant cette scène, quatre officiers municipaux, dont deux très mal vêtus et le chapeau sur la tête, se tenaient dans l'embrasure de la croisée, se chauffant au poêle sans se mouvoir. Ils étaient décorés d'un ruban tricolore avec une cocarde au milieu.

Le roi était vêtu d'un habit brun mélangé, avec un collet de même, une veste blanche de piqué de Marseille, une culotte de casimir gris et des bas de soie gris, des boucles d'or, mais très simples, à ses souliers, un col de mousseline, les cheveux un peu poudrés, une boucle séparée en deux ou trois, le toupet en vergette un peu longue, les cheveux de derrière noués en catogan.

La reine, Madame Royale et madame Elisabeth étaient vêtues d'une robe blanche de mousseline, des fichus très simples en linon, des bonnets absolument pareils faits en forme de baigneuses, garnis d'une petite dentelle, un mouchoir garni aussi de dentelle, noué dessus le bonnet en forme de marmotte.

Le jeune prince avait un habit de casimir d'un gris verdâtre, une culotte ou pantalon pareille, un petit gilet de basin blanc rayé, l'habit décolleté et à revers, le col de la chemise uni et retombant dessus le collet de l'habit, le jabot de batiste plissé, des souliers noirs noués avec un ruban, les cheveux blonds sans poudre, tombant négligemment et bouclés sur le front et sur les épaules, relevés en natte derrière, et ceux de devant tombaient naturellement et sans poudre. Les cheveux de la reine étaient presque tous blancs, ceux de Madame du beau blond clair, et ceux de madame Elisabeth aussi blonds, mais de nuance plus foncée. Voilà à peu près, madame, les détails que je puis vous donner sur ce sujet; s'ils ne remplissent point vos désirs, daignez me faire d'autres questions, et je tâcherai d'y répondre. Il me reste une grâce à vous demander, c'est que tous ces détails restent entre nous. Comme j'ai des notes où tous ces faits sont écrits, je ne voudrais point qu'ils soient connus avant leur impression (1). J'espère que quelque jour vous reviendrez habiter cette ville; et si vous désirez faire d'autres tableaux sur ces tristes évènemens, je suis fort aise de pouvoir vous être agréable en quel-

(1) Tout le monde sait que les mémoires de Cléry ont paru.

que chose. En attendant, je vous prie d'agréer, madame, les respectueux hommages

De votre très humble et très obéissant serviteur,

CLÉRY.

Vienne, le 27 octobre 1796.

Cette lettre me fit une si cruelle impression que je reconnus l'impossibilité d'entreprendre un ouvrage pour lequel chaque coup de pinceau m'aurait fait fondre en pleurs. Je renonçai donc à mon projet; toutefois j'eus le bonheur, pendant mon séjour en Russie, de retracer encore des traits augustes et chéris; voici à quelle occasion. Le comte de Cossé arriva à Pétersbourg, venant de Mitau où il avait laissé la famille royale. Il me fit une visite pour m'engager à me rendre auprès des princes, qui me verraient, me dit-il, avec plaisir. J'éprouvai dans le moment un bien vif chagrin; car, ma fille étant malade, je ne pouvais la quitter, et de plus j'avais à remplir des engagemens pris, non seu-

Mittauce, 8 avril 1808.

Le Comte de Cossé m'a remis, Madame, le portrait de ma Mere que vous l'aviez chargé de m'apporter. vous me procurez la Double Satisfaction de voir dans un de vos plus beaux ouvrages une Image bien chere à mon Cœur. jugez donc du gré que je vous sçai d'avoir employé vos rares talens à me donner cette preuve de vos sentimens et soyez persuadée que j'y suis plus sensible que je ne puis vous l'exprimer. Comptez également, Madame, sur mes sentimens pour vous.

Marie Thérèse

(Souvenirs de Mme Lebrun, tome 2.e page 351.)

lement avec des personnages marquans, mais avec la famille impériale, pour plusieurs portraits, ce qui ne me permettait pas de quitter avant quelque temps Pétersbourg. J'en exprimai toute ma peine à M. de Cossé, et comme il ne repartait pas tout de suite, je fis aussitôt de souvenir le portrait de la reine, que je le priai de remettre à madame la duchesse d'Angoulême, en attendant que je pusse aller moi-même recevoir les ordres de Son Altesse Royale.

Cet envoi me procura la jouissance de recevoir de Madame la lettre que je joins ici, et que je conserve comme un témoignage qui m'est bien cher, de sa satisfaction.

Dès que j'eus repris ma liberté, je courus à Mitau; mais j'eus le malheur de n'y plus retrouver la famille royale.

CHAPITRE XX.

Catherine. — Le roi de Suède. — Le bal masqué. — Mort de
Catherine. — Ses funérailles.

On vivait si heureux sous le règne de Catherine, que je puis affirmer avoir entendu bénir, par les petits comme par les grands, celle à qui la nation devait tant de gloire et tant de bien-être. Je ne parlerai point de conquêtes dont l'orgueil national était si prodigieusement flatté, mais du bien réel et durable que cette souveraine a fait à son peuple. Durant l'espace de trente-quatre ans qu'elle a régné, son génie bienfaisant a créé ou protégé tout ce qui était utile, comme tout ce qui était grandiose. On la voyait ériger à la mémoire de Pierre I*er* un monument immortel, faire bâtir *deux cent trente-sept* villes en pierres, disant que les villages en bois qui brûlaient si souvent lui coûtaient beaucoup; couvrir la mer de ses flottes; établir partout des manufactures et des banques, si propices au commerce, à Pétersbourg, à Moscou et à Tobolsck; accorder de nouveaux priviléges à l'Académie; fonder des écoles dans toutes les villes et les campagnes; faire creuser des canaux; élever des quais de granit; donner un code de lois; enfin, introduire l'inoculation que sa volonté puissante était seule capable de faire adopter par les Russes (1).

Tous ces bienfaits sont dus à Catherine seule; car elle n'a jamais accordé à personne aucune véritable autorité; elle dictait elle-même les dépêches à ses ministres, qui n'étaient réellement

(1) Elle se fit inoculer la première pour donner l'exemple; elle fonda aussi un établissement pour les enfans trouvés.

que ses secrétaires. On raconte que la comtesse de Bruce, qui long-temps a été son amie intime, lui disait un jour : — Je remarque que les favoris de Votre Majesté sont bien jeunes. — Je les veux ainsi, répondit-elle : s'ils étaient d'un âge raisonnable, on dirait qu'ils me gouvernent. Zouboff, en effet, qui fut le dernier, avait tout au plus vingt-deux ans. Il était grand, mince, bien fait, et il avait des traits réguliers. Je l'ai vu pour la première fois à un bal de la cour, donnant le bras à l'impératrice, qui se promenait. Il portait à sa boutonnière le portrait de Catherine, entouré de superbes diamans, et elle paraissait le traiter avec une grande bonté; néanmoins on s'accordait à dire que celui de ses favoris qu'elle avait le plus aimé, était Lanskoi. Elle le pleura long-temps. Elle lui avait fait élever un tombeau près du château de Czarskozelo, où l'on m'a assuré qu'elle allait très souvent seule, au clair de lune. Au reste, Catherine-le-Grand, comme l'appelle le prince de Ligne, s'était fait homme; on ne peut parler de ses faiblesses que comme on parle de celles de François Ier ou de Louis XIV, faiblesses qui n'influèrent nullement sur le bonheur de leurs sujets (1).

Catherine II aimait tout ce qui était grandiose dans les arts. Elle avait fait construire à l'ermitage les salles du Vatican, et copier les cinquante tableaux de Raphaël dont ces salles sont ornées. Elle avait aussi décoré l'Académie des beaux-arts de copies en plâtre des plus belles statues antiques, et d'un grand nombre de tableaux des différens maîtres. L'ermitage qu'elle avait créé et placé tout près de son palais (2), était un modèle de bon goût sous tous les rap-

(1) Je suis très fâchée que madame la duchesse d'Abrantès, qui a fait paraître récemment un ouvrage sur Catherine II, ou n'ait pas lu ce qu'ont écrit le prince de Ligne et le comte de Ségur, ou ne se soit pas soumise à ces deux témoignages irrécusables. Elle aurait plus justement apprécié, admiré, ce qui distingue cette grande impératrice, considérée comme souveraine, et elle aurait respecté davantage la mémoire d'une femme dont notre sexe peut s'enorgueillir sous tant de rapports importans.

(2) Le palais que Catherine habitait à Pétersbourg est d'une architecture lourde, mais les appartemens sont vastes et beaux.

ports. On sait qu'elle écrivait le français avec la plus grande facilité (j'ai vu à la bibliothèque le manuscrit original du code de lois qu'elle a donné aux Russes entièrement écrit de sa main, et dans notre langue). Son style, m'a-t-on dit, était élégant et très concis, ce qui me rappelle un trait de laconisme que l'on m'a cité d'elle, que je trouve charmant. Quand le général Souwaroff eut gagné la bataille de Varsovie, Catherine fit partir aussitôt un courrier pour lui, et ce courrier ne portait à l'heureux vainqueur qu'une enveloppe de lettre, sur laquelle elle avait écrit de sa main : *Au maréchal Souwaroff.*

Cette femme dont la puissance était si grande, était dans son intérieur la plus simple et la moins exigeante des femmes. Elle se levait à cinq heures du matin, allumait son feu, puis faisait son café elle-même. On racontait même qu'un jour, ayant allumé ce feu sans savoir qu'un ramoneur venait de monter dans la cheminée, le ramoneur se mit à jurer après elle et à la gratifier des plus grosses invectives, croyant s'adresser à un feutier. L'impératrice se hâta d'éteindre, non sans rire beaucoup de se voir traitée ainsi.

Dès que l'impératrice avait déjeuné, elle écrivait ses lettres, préparait ses dépêches, restant ainsi seule jusqu'à neuf heures. Alors elle sonnait ses valets de chambre, qui quelquefois ne répondaient point à sa sonnette. Un jour, par exemple, impatientée d'attendre, elle ouvrit la porte de la salle où ils se tenaient, et les trouvant établis à jouer aux cartes, elle demanda pourquoi ils ne venaient pas quand elle sonnait; sur quoi l'un d'eux répondit tranquillement qu'ils avaient voulu finir leur partie, et il n'en fut pas davantage. Une autre fois, la comtesse de Bruce, qui avait ses entrées chez elle à toute heure, arrive un matin, et la trouve seule, appuyée sur sa toilette. — Votre Majesté est bien isolée, lui dit la comtesse. — Que voulez-vous, répond l'impératrice, mes femmes de chambre m'ont toutes abandonnée. Je venais d'essayer une robe qui allait si mal, que j'en ai pris de l'humeur; alors, elles m'ont plantée là. Il n'y a pas jusqu'à Reinette (la première femme de chambre), qui ne m'ait quittée, et j'attends qu'elles soient défâchées.

Le soir, Catherine réunissait autour d'elle quelques-unes des personnes de sa cour qu'elle affectionnait le plus. Elle faisait venir ses petits enfans, et l'on jouait à colin-maillard, à la main chaude, etc., jusqu'à dix heures que Sa Majesté allait se coucher. La princesse Dolgorouki, qui était du nombre des favorisées, m'a dit souvent par combien de gaîté et de bonhomie l'impératrice animait ces réunions. Le comte Stackelberg était des petites soirées, ainsi que le comte de Segur, dont Catherine avait distingué l'esprit et l'amabilité. On sait que, lorsqu'elle rompit avec la France, et qu'elle congédia cet ambassadeur (1), elle lui témoigna tout le regret qu'elle avait de le perdre;—« Mais, ajouta-t-elle, je suis aristocrate; il faut que chacun fasse son métier. »

Le nom des personnes que l'impératrice in-

(1) Le comte d'Esterhazy, envoyé par Louis XVIII, était l'ambassadeur de France reconnu à la cour de Pétersbourg quand j'y arrivai.

vitait aux petites soirées dont je viens de parler, aussi bien que la présence des jeunes grands-ducs et grandes-duchesses, semblaient devoir être une garantie suffisante de la décence qui régnait dans ces réunions. Il n'en parut pas moins à Pétersbourg un libelle affreux dans lequel on accusait Catherine de présider tous les soirs aux plus dégoûtantes orgies. L'auteur de cet infame écrit fut découvert et chassé de la Russie; mais il faut malheureusement avouer, à la honte de l'humanité, que ce libelliste, qui était un émigré français, distingué par son esprit, avait d'abord intéressé l'impératrice à ses malheurs, au point qu'elle l'avait logé convenablement, et lui faisait une pension de douze mille roubles!

Beaucoup de personnes ont attribué la mort de Catherine au vif chagrin que lui fit éprouver la rupture du mariage projeté entre sa petite-fille, la grande-duchesse Alexandrine, et le jeune roi de Suède. Ce prince arriva à Pétersbourg avec son oncle le duc de Sudermanie, le 14 août 1796. Il n'avait que dix-sept ans; sa taille était élancée, son air doux, noble et fier, ce qui le faisait respecter malgré son jeune âge. Son éducation ayant été très soignée, il montrait une politesse tout-à-fait obligeante. La princesse qu'il venait épouser, âgée de quatorze ans, était belle comme un ange, et il en devint aussitôt très amoureux. Je me souviens qu'étant venu chez moi voir le portrait que j'avais fait d'elle, il regardait ce portrait avec tant d'attention, que son chapeau s'échappa de sa main.

L'impératrice ne désirait rien tant que ce mariage; mais elle exigeait que sa petite-fille pût avoir dans le palais de Stockholm et une chapelle et un clergé de sa religion, et le jeune roi, malgré tout son amour pour la duchesse Alexandrine, refusait de consentir à ce qui dérogeait aux lois de son pays. Sachant que Catherine avait fait venir le patriarche pour le fiancer après le bal qui se donnait le soir, le roi ne se rendit pas à ce bal, en dépit des courses multipliées de M. de Marcoff pour le presser d'y venir. Je faisais alors le portrait du comte Diedrestein; lui et moi allions souvent à ma fenêtre pour voir si le jeune roi céderait à tant d'instances et prendrait le chemin du bal; il ne céda point. Enfin, d'après ce que j'ai su de la princesse Dolgorouki, tout le monde était réuni, lorsque l'impératrice entr'ouvrit la porte de sa chambre, et dit, d'une voix très altérée : « Mesdames, il n'y aura pas de bal ce soir. » Le roi de Suède et le duc de Sudermanie quittèrent Pétersbourg le lendemain matin.

Que ce soit ou non le chagrin que lui causa cet évènement, qui abrégea les jours de Catherine, la Russie ne tarda pas à la perdre. Le dimanche qui précéda sa mort, j'allai, le matin après la messe, présenter le portrait que j'avais fait de la grande-duchesse Elisabeth. L'impératrice vint à moi, m'en fit compliment, puis me dit : « On veut absolument que vous fassiez mon portrait, je suis bien vieille; mais enfin, puisqu'ils le désirent tous, je vous donnerai la première séance d'aujourd'hui en huit. » Le jeudi suivant, elle ne sonna pas à neuf heures ainsi qu'elle faisait ordinairement. On attendit jusqu'à dix heures et même un peu plus; enfin la première femme de chambre entra. Ne voyant pas l'impératrice dans sa chambre, elle alla au petit cabinet de garde-robe, et dès qu'elle en ouvrit la porte, le corps de Catherine tomba à terre. On ne pouvait savoir à quelle heure l'attaque d'apoplexie l'avait frappée; toutefois le pouls battait encore, on ne perdit donc pas toute espérance aussitôt; mais de mes jours je n'ai vu une alarme aussi vive se propager aussi généralement. Pour mon compte, je fus tellement saisie quand on vint me dire tout bas cette terrible nouvelle, que ma fille, qui était convalescente, s'aperçut de mon état et s'en trouva mal.

Je courus, après mon dîner, chez la princesse Dolgorouki où le comte de Cobentzel, qui allait toutes les dix minutes au palais savoir ce qui se passait, venait nous en instruire. L'anxiété allait toujours croissant; elle était affreuse pour tout le monde; car non seulement on adorait Catherine, mais on avait une telle peur du règne de Paul !

Vers le soir, Paul arriva d'un lieu voisin de Pétersbourg qu'il habitait presque toujours. Lorsqu'il vit sa mère étendue sans connaissance, la nature reprit un moment ses droits; il s'approcha de l'Impératrice, lui baisa la main et versa quelques larmes. Enfin Catherine II expira à neuf heures du soir, le 17 novembre 1796. Le comte de Cobentzel, qui lui vit rendre le dernier soupir, vint nous dire aussitôt qu'elle n'existait plus.

J'avoue que je ne sortis pas de chez la princesse Dolgorouki sans une grande frayeur, attendu que l'on entendait dire généralement qu'il y aurait une révolution contre Paul. La foule immense que je vis en rentrant chez moi, sur la place du château, n'était pas propre à me rassurer; néanmoins tout ce monde était si tranquille que je pensai bientôt, avec raison, que nous n'avions rien à craindre pour le moment. Le lendemain matin, le peuple se rassembla de nouveau sur la place, exprimant son désespoir, sous les fenêtres de Catherine, par les cris les plus déchirans. On entendait les vieillards, les jeunes gens, les enfans appeler leur *matusha* (leur mère), s'écrier en sanglotant qu'ils avaient tout perdu. Cette journée fut d'autant plus affligeante qu'elle était de triste augure pour le prince qui montait sur le trône.

Le corps de l'impératrice resta exposé pendant six semaines dans une grande salle du château, illuminée jour et nuit (1), et magnifiquement décorée. Catherine était étendue sur un lit de parade entouré d'écussons portant les armes de toutes les villes de l'empire. Son visage était découvert, sa belle main posée sur le lit. Toutes les dames (dont quelques-unes étaient alternativement de service auprès du corps) allaient baiser cette main, ou faisaient

(1) C'était dans cette même salle que j'avais vu donner les bals. Aussi je ne saurais dire quel effet me fit éprouver pendant six semaines cette illumination que je voyais tous les soirs en rentrant chez moi.

le semblant. Pour moi, je ne l'avais point baisée vivante, je ne voulus pas la baiser morte, et j'évitai même de regarder le visage, qui me serait resté si tristement dans l'imagination.

Sitôt après la mort de sa mère, Paul avait fait déterrer Pierre III, son père, inhumé depuis trente-cinq ans dans le couvent d'Alexandre Newski. On n'avait trouvé dans le cercueil que des os et la manche de l'uniforme de Pierre. Paul voulut que l'on rendît à ces restes les mêmes honneurs qu'à ceux de Catherine. Il les fit exposer au milieu de l'église de Cazan, et le service fut fait par de vieux officiers, amis de Pierre III, que son fils s'était pressé de faire revenir, et qu'il combla d'honneurs et de bienfaits.

L'époque des funérailles arrivée, on transporta avec pompe le cercueil de Pierre III, sur lequel son fils avait fait placer une couronne, près de celui de Catherine, et tous deux furent conduits ensemble à la citadelle, celui de Pierre marchant le premier; car Paul voulait au moins humilier la cendre de sa mère. Je vis de ma fenêtre cette lugubre cérémonie comme on voit un spectacle des premières loges. Le cercueil de l'empereur défunt était précédé par un chevalier de la garde, armé de pied en cap d'une armure d'or; celui qui marchait devant le cercueil de l'impératrice n'avait qu'une armure de fer (1), et les assassins de Pierre III, sur l'ordre de son fils, étaient obligés de porter les coins de son drap mortuaire. Paul suivait le cortége à pied, tête nue, avec sa femme et toute la cour, qui était très nombreuse et dans le plus grand deuil. Les dames avaient de longues robes à queue et d'immenses voiles noirs qui les entouraient. Il leur fallut marcher ainsi dans la neige par un froid horrible, depuis le palais jusqu'à la forteresse (2), qui est à une fort grande distance de l'autre côté de la Néva. Au retour, j'en vis quelques-unes qui étaient mourantes de fatigue.

(1) Le chevalier qui portait l'armure d'or est mort de fatigue.

(2) C'est dans la forteresse que sont enterrés tous les souverains russes. Le tombeau de Pierre Ier que l'on y voit est le plus simple du monde.

Le deuil se porta six mois. Les femmes sans cheveux, ayant des bonnets à pointe avancés sur le front, qui ne les embellissaient pas du tout; mais ce léger désagrément était bien peu de choses, comparé aux vives inquiétudes que faisait naître dans tout l'empire la mort de Catherine II.

LISTE DE MES PORTRAITS.

1 Buste, d'après moi, pour l'Académie de Saint-Luc.
1 Mon portrait pour la galerie de Florence.
1 Copie du même pour lord Bristol.
1 Miss Pitt, fille de lord Camelfort.
1 Mademoiselle Roland, depuis lady Welesley.
1 Madame Silva, Portugaise.
1 La comtesse Potoska.
2 Mesdames de France, Adélaïde et Victoire.
 Plusieurs études de paysages, à l'huile et au pastel, des environs de Rome.

A NAPLES.

1 La comtesse Scawronski à mi-jambes.
2 Deux bustes de la même.
1 Lady Hamilton en bacchante couchée.
1 La même en sibylle en pied.
1 La même en bacchante, dansant avec un tambour de basque.
1 Tête de la même en sibylle.
1 La princesse Marie-Thérèse, qui a épousé l'empereur François II.
1 La princesse Marie-Louise, qui a épousé le grand-duc de Toscane.
1 Le prince héréditaire, père de la duchesse de Berry.
1 La princesse Marie-Christine.
1 Paësiello composant.
1 Le prince Resoniko.
1 Lord Bistol, à mi-jambes.

14

14
- 1 Le bailly de Litta.
- 1 La reine de Naples.
  Plusieurs études du Vésuve et des environs de Naples.

16

PARME, BOLOGNE, TURIN, FLORENCE.

- 1 Une tête à l'huile pour l'Académie de Parme.
- 1 Un petit buste à l'huile pour l'Institut de Bologne.
- 1 Madame Gourbillon, attachée à Madame, femme de Louis XVIII.
- 1 Son fils.
- 1 Une baigneuse, d'après ma fille.
- 1 Mademoiselle Porporati.
- 1 Copie du portrait de Raphaël à Florence.
  Plusieurs paysages d'après nature.

7

VENISE.

1 Madame Marini.

VIENNE.

1 Madame Bistri, Polonaise.
1 Mademoiselle de Kaquenet.
1 La comtesse Kinski, à mi-jambes.
1 La même en buste.
1 La comtesse du Buquoi, sœur du prince Paar.
1 La comtesse Rosamowfski.
1 La comtesse de Palfi.
1 La princesse Lichtenstein, en pied.
1 Le baron de Strogonoff, grand buste.
1 Le baron de Strogonoff, avec les mains.
1 Le comte de Czhernicheff, avec un domino noir, tenant un masque.
1 La comtesse Zamoiska, dansant avec un schall.
1 Mademoiselle la comtesse de Fries, en

13 Sapho, tenant une lyre et chantant, jusqu'à mi-jambes.

1 La duchesse de Guiche, buste, en turban bleu.

2 Deux portaits du prince Schotorinsky, dont l'un en manteau.

1 Madame de Schœnfeld, femme du ministre de Saxe, tenant son enfant sur ses genoux.

1 Le prince Henry Lubomirski, jouant de la lyre, en Amphyon, et deux nayades qui l'écoutent.

1 La princesse de Lystenstein, en pied, en Iris, traversant des nuages.

1 La princesse d'Esterhazy, en pied, rêvant au bord de la mer, assise sur des rochers.

1 La princesse Louise Galitzin.

1 Madame de Mayer.

1 Une petite baigneuse pour la reine.

1 Madame la comtesse Severin Potoska.

1 La princesse de Wurtemberg.

1 Un petit tableau pour le comte de Wilsechk.

26

26

1 Madame la comtesse de Braonne, jusqu'aux genoux.

1 Un petit portrait pour madame de Carpeny.

1 Madame la duchesse de Polignac, faite de souvenir après sa mort.

1 Le jeune Edmond, de la famille de Polignac.

1 La princesse Sapia.

31

PASTELS FAITS A VIENNE.

1 M. le comte de Woina, fils de l'ambassadeur de Pologne.

1 Mademoiselle Caroline de Woina, sa sœur.

1 Mademoiselle la comtesse Metzy de Polignac, fille du père du duc de Polignac.

1 Mademoiselle la comtesse Thérèse de Hardik.

2 Les deux frères de la duchesse de Guiche.

1 Le frère de mademoiselle de Fries, en buste.

2 Deux bustes de la comtesse de Rombec.

1 Le comte Jules de Polignac.

10

10

1 La princesse de Lynoski.
1 Lady Guisford.
2 Mesdemoiselles de Choisy.
1 Mademoiselle Schoën.
1 Angenor, enfant, fils de la duchesse de Polignac.
1 Le jeune comte son frère, M. de Fries.
1 Madame la comtesse de Thoun.
1 Madame la comtesse d'Harrack.
1 Un petit dessin de la même.
1 M. de Rivière.
1 M. Thomas, architecte.
1 Madame la comtesse de Rombec.
1 Le marquis de Rivière.
Plusieurs paysages faits d'après nature dans les environs de Vienne.

24

88 total général.

FIN DU TOME SECOND.

TABLE

DES MATIÈRES CONTENUES DANS LE SECOND VOLUME.

CHAPITRE I.

Turin, Porporati, le Corrége. — Parme, M. de Flavigni, les Eglises, l'Infante de Parme. — Modène. — Bologne. — Florence. 1

CHAPITRE II.

Rome. — Saint-Pierre. — Le Muséum. — Drouais. — Raphaël. — Le Vatican. — Le Colysée. — Angelica Kaufmann. — Le cardinal de Bernis. — Usage romain. — Mes déménagemens. 22

CHAPITRE III.

Portraits que je fais en arrivant à Rome. — Les palais. — Les églises. — La Semaine-Sainte. — Le jour de Pâques. — La bénédiction du Pape. — La Girande. — Le Carnaval. —

Madame Benti. — Crescentini. — Marchesi. — Sa dernière représentation à Rome. 38

CHAPITRE IV.

La place Saint-Pierre. — Les poignards. — La princesse Joseph de Monaco. — La duchesse de Fleury ; son mot à Bonaparte. — Bontés de Louis XVI pour moi. — L'abbé Maury. — Usage qui m'empêche de faire le portrait du pape. — Les Cascatelles et Tusculum. — La villa Conti, la villa Adrianna. — Monte Mario. — Genesano. — Nemi. — Son lac. — Aventure. 55

CHAPITRE V.

Je pars pour Naples. — Le mari de Mme Denis, nièce de Voltaire. — Le comte et la comtesse Scawronski. — Le chevalier Hamilton. — Lady Hamilton. — Son histoire, ses attitudes. — L'hôtel de Maroc. — Chiaja. — L'Hercule Farnèse. 79

CHAPITRE VI.

Le baron de Talleyrand. — L'île de Caprée. — Le Vésuve. — Ischia et Procida. — Le mont Saint-Nicolas. — Portrait des filles aînées de la reine de Naples. — Portrait du prince royal. — Paësiello. — La Nina. — Le côteau de Pausilipe. — Ma fille, son maître de musique. 100

CHAPITRE VII.

Je retourne à Rome. — La reine de Naples. — Je reviens à Naples. — La fête de la madone de l'Arca. — La fête du pied de la Grotte. — La Solfatara. — Pouzol. — Le cap Mysène. — Portrait de la reine de Naples. — Caractère de cette princesse. — Le Napolitain. — Vol d'un lazzaroni. — Mon retour à Rome. — Mesdames de France, tantes de Louis XVI. 126

CHAPITRE VIII.

Je quitte Rome. — La cascade de Terni. — Le cabinet de Fontana à Florence. — Sienne. — Sa cathédrale. — Parme. — Ma Sibylle. — Mantoue. — Jules Romain. 146

CHAPITRE IX.

Venise. — M. Denon. — Le mariage du doge avec la mer. — Madame Marini. — Les palais. — Le Tintoret. — Paccherotti. — Improvisateur. — Le cimetière. — Vicence. — Padoue. — Vérone. — Les conversazione. 163

CHAPITRE X.

Turin. — La reine de Sardaigne. — Madame, femme de Louis XVIII. — Je m'établis dans la ferme de Porporati. — Affreuses nouvelles de la France. — Les émigrés. — M. de Rivière vient me rejoindre. — Je vais à Milan. — La Cène de Léonard de Vinci. — La Madone del Monte. — Le lac Majeur. — Je pars pour Vienne. — M. et madame Bistri. 181

CHAPITRE XI.

Je me loge à Vienne avec monsieur et madame Bistri. — La comtesse de Thoun; ses soirées. — La comtesse Kinski. — Casanova. — Le prince Kaunitz. — Le baron de Strogonoff

— Le comte de Langeron. — La comtesse de Fries, ses spectacles. — La comtesse de Shœnfeld. 200

CHAPITRE XII.

Je vais me loger dans la ville. — Portraits que je fais à Vienne. —Bienfaisance des Viennois. — Musée royal.—Le Prater. — Schœnbrunn. — Beaux parcs des environs de Vienne. — Les bals. — Le jour de l'an. — Le prince d'Esterhazy. — La princesse maréchale Lubomirska, — La comtesse de Rombec. — Mort de Louis XVI et de Marie-Antoinette.—Mort de madame de Polignac. 218

CHAPITRE XIII.

Huitzing. — La princesse Lichtenstein. — Les corbeaux. — Je me décide à aller en Russie. — Le prince de Ligne me prête le couvent de Caltemberg que je vais habiter. — Vers du prince de Ligne. — Portrait en vers du prince de Ligne par M. de Langeron. 231

CHAPITRE XIV.

Je quitte Vienne. — Prague. — Les églises. — Budin. — Dresde. — Les promenades. — La galerie. — Raphaël. — La forteresse de Kœnigsberg. — Berlin. — Reinsberg. — Le prince Henri de Prusse. 240

CHAPITRE XV.

Péterhoff. — Pétersbourg. — Le comte d'Esterhazy.—Czarskozelo. — La grande-duchesse Elizabeth, femme d'Alexandre. — Catherine II. — Le comte Strogonoff. — Kaminostroff. — Esprit hospitalier des Russes. 257

TABLE DES MATIÈRES.

CHAPITRE XVI.

Le comte de Cobentzel. — La princesse Dolgorouki. — Les tableaux vivans. — Potemkin. — Madame de With. — Je suis volée. — Doyen. — M. de L***. 273

CHAPITRE XVII.

Je peins les deux jeunes grandes-duchesses, filles de Paul. — Platon Zouboff. — La grande-duchesse Élisabeth. — La grande-duchesse Anne, femme de Constantin. — Madame Narischkin. — Un bal à la cour. — Un gala. — Les dîners à Pétersbourg. 293

CHAPITRE XVIII.

Le froid à Pétersbourg. — Le peuple Russe. — La douceur de ses mœurs. — Sa probité. — Son intelligence. — Les femmes de marchands russes. — Le comte Golovin. — La débâcle de la Néva. — Les salons de Pétersbourg. — Le théâtre. — Madame Hus. — Mandini. — La comtesse Strogonoff. — La princesse Kourakin. 311

CHAPITRE XIX.

Le lac de Pergola. — L'île de Krestowski. — L'île de Zelaguin. — Le général Melissimo. — Dîner turc. — J'écris à Cléry, valet-de-chambre de Louis XVI. — Sa réponse. — Je fais le portrait de Marie-Antoinette pour madame la duchesse d'Angoulême. — Lettre que m'écrit madame la duchesse d'Angoulême. 335

380   TABLE DES MATIÈRES.

CHAPITRE XX.

Catherine. — Le roi de Suède. — Le bal masqué. — Mort de Catherine. — Ses funérailles.   352
Liste de mes portraits.   368

FIN DE LA TABLE.

www.ingramcontent.com/pod-product-compliance
Lightning Source LLC
Chambersburg PA
CBHW060612170426
43201CB00009B/990